ラーメンの調理技法

最新解説

人気店の仕込み・味の構成・考え方

旭屋出版

最新解説 ラーメンの調理技法 目次

- 麺処 秋もと (神奈川・市が尾) ……… 4
- RAMEN 渦雷 (神奈川・辻堂) ……… 18
- ラーメン屋 きまぐれ八兵衛 (長野・安曇野) ……… 29
- 中華そば 満鶏軒 (東京・錦糸町) ……… 38
- らぁめん 小池 (東京・上北沢) ……… 46
- 麺屋 BISQ (神奈川・茅ヶ崎) ……… 52
- クラブ＆ボニート 貝節麺ライク (東京・方南町) ……… 60
- 自家製麺 SHIN (神奈川・横浜) ……… 67
- 江戸前つけ麺 魄瑛 (東京・銀座) ……… 74
- 麺屋 まほろ芭 (東京・蒲田) ……… 80
- 麺屋 六感堂 (東京・池袋) ……… 87
- 真鯛らーめん 麺魚 (東京・錦糸町) ……… 96
- らーめん ねいろ屋 (東京・荻窪) ……… 106

陽はまたのぼる（東京・綾瀬）		118
麺家 獅子丸（愛知・名古屋）		125
煮干しらあめん 燕黒（長野・松本）		130
煮干しラーメンとローストビーフ パリ橋 幸手店（埼玉・幸手）		137
Noodle Stand Tokyo（東京・原宿）		140
煮干麺 月と鼈（東京・新橋）		146
真鯛らぁめん まちかど（東京・恵比寿）		153
麺屋 Hulu-lu（東京・池袋）		166

煮干しの知識 150

本書を読む前に

・調理の説明で表記している加熱時間や加熱方法は、その店で使用している調理器具での内容になります。
・材料の呼び名、使用する道具の名称は各店での呼称に準じているところもあります。
・本書の一部は、旭屋出版MOOK「ラーメン繁盛法」（2018年8月発行）と「ラーメン繁盛法第2集」（2019年8月発行）の記事を流用しています。
・掲載している各店の作り方は、取材時のやり方です。P118～P151は2018年4月～7月に取材。他は、2019年3月～10月が取材期間です。各店、日々、調理法や使う材料を改良していますので、その店の進化の過程の作り方と考え方であることをご理解ください。
・掲載したラーメン、つけめん、まぜそば等の値段、盛り付け、器などと、各店の住所、電話番号、営業時間、定休日は2019年10月現在のものです。（税別）と表示のないところは税込み値段です。

神奈川・市が尾

麺処 秋もと

- 住所：神奈川県横浜市青葉区市ヶ尾町1157-1東急ドエル市ヶ尾アネックスビル1F
- 電話：045-972-0355
- 営業時間：12時〜15時、18時30分〜22時
- 定休日：月曜日、第1・3火曜日 ※木曜日は昼のみの営業

■ 特製 醤油 1150円

カツオ本枯れ節で上品な旨味、花カツオ裸節でインパクトを出した清湯ラーメン。鶏でしっかりとしたボディを作り、煮干しや昆布などで旨味を補強しているので、見た目以上の印象に力強い味わいに仕上がっている。特製にはエビワンタンが2粒、オーブン焼きにした煮豚、鶏ムネ肉のレアチャーシュー、味玉がのる。

【神奈川・市が尾】麺処 秋もと

■ 塩 850円

麺は細麺と太麺から選択できるが、おすすめは低加水の細麺の方。香りの良い全粒粉入りの麺は、ザラッとした舌触りでスープをしっかり吸い上げる。塩ダレには、旨味と酸味を補強する目的でドライトマトを使用。その分塩角が和らぐため、ミネラルの多い藻塩を加えてシャープな印象に整えている。トッピングにはパプリカのピクルスとミョウガのみじん切りを使用する。

■ 鰹醤油つけ麺 900円

カツオがガツンと効いた一杯。つけ汁には、ラーメンと同じ醤油ダレと砂糖、酢、おろしニンニク、香味油、カツオ油、カツオの魚粉、フライドオニオンを合わせている。さらに、片栗粉でとろみを付けてインパクトを演出。麺の下には煮干しの風味を付けた昆布水を張っているので、つけ汁に付けた時に旨味の相乗効果が期待できる。

【神奈川・市が尾】麺処 秋もと

スープ

スープのボディは鶏。そこに、カツオ本枯れ節の深いコク、アゴ煮干しの甘み、片口煮干しのえぐみ、根昆布の独特の香りなどを重ねてバランスのとれた味を追求した。ただし、主役はあくまでもカツオ。最後に、脂の多い花カツオの裸節で追うことで、本枯れ節では出すことができないインパクトや荒々しさを加えている。スープをシングルで炊くのは、味がまとまるという考えから。丼で合わせた時の一体感を出したいので、チャーシューも魚介スープで煮る。冷蔵庫で冷やしてから使う方がなじむため、スープは翌日使用する。

【 材料 】

丸鶏(親鶏)、鶏ガラ、羅臼鬼昆布、根昆布、干し椎茸、片口煮干し、豚バラ肉(チャーシュー肉)、サバ節3種(屋久鯖本枯れ節、枕崎産本枯れ節、枕崎産裸節)、カツオ本枯れ節、アゴ煮干し2種類(境港産、外国産)、鶏脂、花カツオ裸節、πウォーター

1 丸鶏と鶏ガラはひと晩かけて水に漬け、解凍しておく。

2 羅臼鬼昆布、根昆布、干し椎茸、片口煮干しはひと晩かけて水出しをしておく。その際、一度火にかけて、沸騰直前まで沸かしておくとよくだしが出る。根昆布と干し椎茸は、あらかじめパックに入れておくとあとで取り出しやすい。

丁寧につくり込んだカツオ清湯。
5.9坪7席で1日150杯を売る

店主の秋本博樹さんは、家系以外ほぼすべてのジャンルの店で修業を積んだ実力者。数々の名店で腕を磨いた経験を活かし、現在はシンプルながらも個性が光る、カツオが主軸の清湯ラーメンを提供している。カウンターのみ7席の店舗で平日130〜150杯を売る人気店。毎週日曜と10月〜4月の毎週水曜は「味噌の日」として営業していて、この日は150〜170杯を売る。

▶ 『秋もと』のスープづくりの流れ

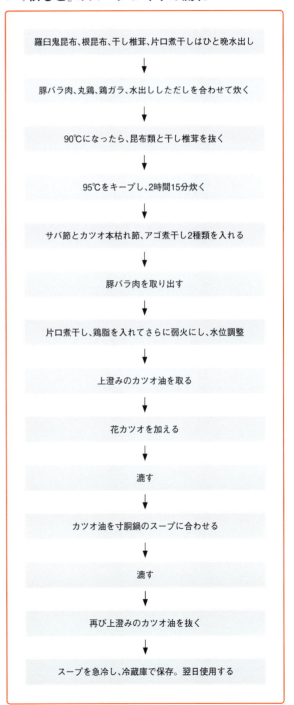

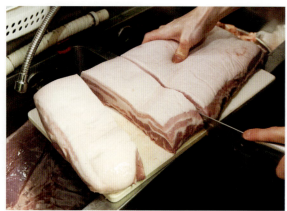
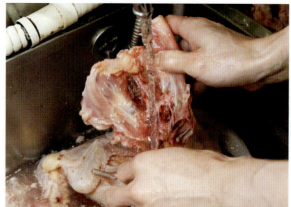

5 チャーシュー用の豚バラ肉は8cm幅にカットする。

3 鶏ガラを流水で洗い、内臓をきれいに取り除く。

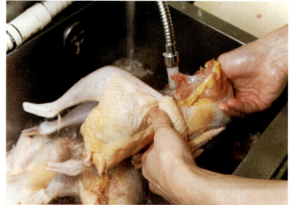

4 だしが早く出るよう、丸鶏は足の付け根に切れ目を入れておく。中の部分も流水で軽く洗い流す。

6 水を張った寸胴鍋に、豚バラ肉、丸鶏、鶏ガラを入れる。豚バラ肉は浮いてきてしまうので鍋の一番下にくるよう、最初に入れる。豚バラ肉は取り出す時まで触らない。

8

【神奈川・市が尾】麺処 秋もと

10 2時間15分経ったら、屋久鯖本枯れ節以外のサバ節とカツオ本枯れ節、アゴ煮干し2種類を入れる。チャーシュー用の豚バラ肉にも魚の風味を付けたいので、スープとよくなじむよう、最初にカツオ本枯れ節、次にサバ節2種(枕崎産本枯れ節、枕崎産裸節)を入れる。次にアゴ煮干し2種類と屋久鯖本枯れ節を入れる。屋久鯖本枯れ節は一番最後に入れ、スープに浸さないで、混ぜないでそのまま弱火で炊く。

11 豚バラ肉がホロっとするくらいまで柔らかくなったら取り出す。バラ肉を取り出したら、屋久鯖本枯れ節をスープに浸す。

12 再び片口煮干しを加え、鶏脂も入れてさらに弱火にする。その際、水を加えて水位調整を行う。

7 水出しをしておいた②も、⑥の動物系素材と同じタイミングで寸胴鍋に入れる。

8 蓋をして強火にかける。ふつふつしてきたら蓋を外し、90℃になったら、昆布類と干し椎茸を抜く。この時にアクも取る。

9 95℃の温度をキープしながら2時間15分炊く。

13 90℃をキープしながら1時間30分ほど煮出したら、上澄みのカツオ油を取る。

16 寸胴鍋の中のだし素材がなくなったら13の上澄みのカツオ油を寸胴鍋のスープに合わせてなじませる。

14 花カツオを加えてさらに2時間炊く。その間、温度は90℃をキープする。

17 改めてスープを漉す。

15 ザルとシノワを使って寸胴鍋の中のだし素材を抜く。その際、節類を軽く押し潰しながらしみ込んでいるスープを搾る。

チャーシュー

基本のチャーシューは豚バラ肉。スープで炊き、専用ダレに漬け込んだ煮豚をオーブンで焼いて提供する。焼き目を付けるのは、香ばしさを出すほか、タレの味を中までしっかりしみ込ませるという目的もある。タレは1日1回沸騰させているので常温で保存することが可能。ザラメを使っているので、深みとコクがある。この他にも、鶏ムネ肉のレアチャーシューと、真空調理後にオーブンで焼き、仕上げに吊るし焼きで薫香を施した肩ロースも用意。それぞれ特製用に使用する。

―――――――【 材料 】―――――――

豚バラ肉、継ぎ足しのチャーシューダレ(濃口醤油、みりん、三温糖、国産丸大豆醤油、ザラメ、生姜)

1 油は肉にしみこまないので、チャーシューダレの上澄みの油はとっておく。

2 全開の火加減で沸かしながら、濃口醤油とみりん、三温糖、国産丸大豆醤油、ザラメ、生姜を加える。生姜はスライスしたものを冷凍保存。濃口醤油とみりん、三温糖はあらかじめ1つに合わせておくと作業がしやすい。

18 漉し終わったスープから、再び上澄みのカツオ油を抜く。カツオ油は氷水に当てて冷やす。

19 スープの中に銅のパイプのコイルを入れて、パイプに水を通してスープを急冷する。冷めたら冷蔵庫に移し入れる。

3 沸いたら弱火にしてプツプツする状態で10分火にかける。その間、アクが出てきたら取り除く。

5 3時間半ほどタレに漬けたら肉を取り出し、250℃に余熱したオーブンで7〜8分焼き、焼き目を付ける。

6 バーナーを使い、焼き目を調える。

7 粗熱がとれたらラップを二重に巻き、冷蔵庫に移し入れる。冷蔵庫にしまう時は脂身の部分を上にして保存。冷えていないと切りにくいので、翌日以降使用する。提供時は寸胴鍋の熱で温めてから使用する。

4 スープから抜いた11の豚バラ肉を熱い状態のままチャーシューダレに漬ける。1番上の肉は脂身の部分を下に向けて入れ、上から重しをのせる。

【神奈川・市が尾】麺処 秋もと

3 適宜混ぜて、揚げムラができないようにする。特に外側が焦げてくるので注意。途中、水位が下がってきたら油を足して揚げムラを防ぐ。

4 香りが出てきて、外側の色が濃くなってきたら、外火を落とす。

5 まんべんなく茶色になったら玉ねぎを抜く。

6 同じ油に今度は長ねぎを入れて中火で揚げる。外側に色が付いてきたら外火を落とす。途中、揚げムラができないよう適宜混ぜる。

香味油

玉ねぎや長ねぎ、ニンニク、生姜から出る香ばしい香りに、パイナップルとリンゴの酸味と甘味を重ねた複雑な味わいの香味油。カツオ油と併用し、丼で合わせている。例えば、醤油ラーメンでは、スープ300㎖、タレ30㎖、カツオ油20㎖に対して、香味油を10㎖使用。油の量はトータル30㎖と多めだが、分量には野菜や果物も含まれている。仕込みの際、ニンニクはくっ付きやすいので油がよく温まってから入れること。水分の少ない長ねぎは一気に焦げるので気を付ける。

【 材料 】

白絞め油、玉ねぎ、長ねぎ、ニンニク、リンゴ、パイナップル（缶詰）、おろし生姜、韓国唐辛子（粗挽き）など

1 玉ねぎと長ねぎ、ニンニクは粗みじんにする。リンゴは皮を剥いて芯を取り、刻む。パイナップルも刻んでおく。おろし生姜と韓国唐辛子などは合わせておく。

2 白絞め油を入れた鍋に玉ねぎを入れて茶色くなるまで20〜30分揚げる。玉ねぎが揚がり始めたら火を弱めて、シャワシャワと音がする程度の火加減で揚げる。

9 あらかじめ合わせておいたおろし生姜、韓国唐辛子などに、リンゴとパイナップルを揚げていた熱い油をかける。

10 新しい白絞め油を鍋に入れる。油がよく温まったら刻んだニンニクを入れ、弱火で茶色くなるまで揚げる。

11 ニンニクを揚げていた熱い油を 9 にかける。

7 20分ほど揚げたら長ねぎを抜き、同じ油に刻んだリンゴを加え、強火で揚げる。

8 5分ほど経ったら、パイナップルを加え、茶色くなるまで揚げる。

麺

麺はメニューに合わせて、3種類を用意。醤油ラーメン用の麺は切り歯14番の平打ち麺で、つるりとしたのど越しのものを合わせている。茹で時間は3分40秒。塩ラーメン用の麺は切り歯18番の平打ち麺。パツパツとした歯切れのよい低加水麺で、茹で時間は1分10秒に設定している。塩ラーメンは醤油ラーメン用の太麺に変更することもできる。つけめん用の麺は切り歯14番の平打ち手もみ麺。麺を啜っている感じを出したかったので、長めに切り出している。茹で時間は3分30秒。

12 揚げた玉ねぎと長ねぎ、ニンニクを混ぜ合わせ、11に戻す。

13 使わなかった白絞め油を足し、混ぜ合わせる。

ワンタン

特製用のトッピングで、1杯につき2粒使用。3粒200円で単品販売もしていて、1日100粒前後を売る。主役のエビは、ペーストにして使用していたこともあったが、食感を重視して今の大きさに。細かく刻み過ぎないことで存在感を出している。餡に合わせる前に片栗粉をまぶしておくと、エビのプリッとした食感を生かすことができる。つなぎの鶏挽き肉は、コクを出すためにほどよく脂のあるモモ肉を使用。さらに背脂で肉汁感を加え、コクとジューシーな印象を演出している。

――――【 材料 】――――

むきエビ、精製塩、片栗粉、クワイ、玉ねぎ、生姜、背脂ミンチ、鶏挽き肉（モモ肉）、国産丸大豆醤油、オイスターソース。紹興酒、ホワイトペッパー、三温糖など

1 むきエビは半分くらいの大きさに切り、精製塩と片栗粉をまぶしておく。

2 クワイは粗みじん、玉ねぎはみじん切りにしておく。生姜は細かくみじん切りにする。調味料類はあらかじめ合わせておく。

3 背脂ミンチと鶏挽き肉を合わせ、粘りが出るまでよく練る。

4 3の餡に刻んだ生姜、玉ねぎ、クワイを加えて、さらに練る

16

【神奈川・市が尾】麺処 秋もと

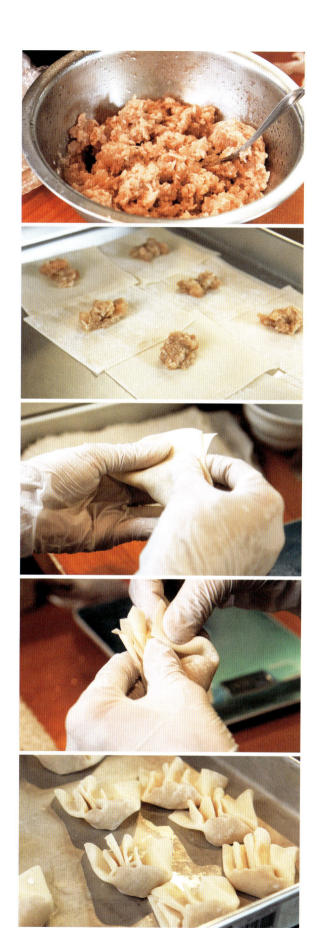

5 ①のエビに④の餡を合わせ、調味料類を加えてさらに練る。

6 1日冷蔵庫でねかし、ラップに包んで冷凍保存する。

7 餡は提供する前日から冷蔵庫で自然解凍しておき、朝のうちにその日に使う分を包む。1粒6〜8gが目安。三角に折ってヒダを付けていく。

神奈川・辻堂

RAMEN 渦雷(うずらい)

- 住所：神奈川県藤沢市辻堂新町1-9-7
- 電話：0466-33-5385
- 営業時間：11時30分～14時30分、18時30分～21時
- 定休日：日曜日

■ 醤油RAMEN（全部乗せ） 1100円

旨味の強い「黒さつま鶏」のだしを軸に魚介のだしを重ね、バランス感のある味を追求。できるだけシンプルに味づくりをして、素材の味が分かるように組み立てた。醤油の風味に負けないよう、「塩RAMEN」よりも鶏油の量は少し多めに設定している。トッピングのメンマと味玉に使う"一番だし"は鮭節と羅臼昆布でとったもの。多くの店舗がカツオだしを選択する中、個性のある鮭節の旨味で他店との差別化を図っている。

【神奈川・辻堂】RAMEN 渦雷

■ 塩RAMEN 850円

ブブあられをスープに浮かべた、見た目も楽しい一杯。シンプルな「醤油RAMEN」に対して、「塩RAMEN」はより複雑な味づくりを目指した。使用するスープは同じだが、ハマグリのだしをベースにさまざまな素材の旨味を重ねた塩ダレを合わせることで、まったく印象の異なる味に仕上げている。九条ねぎは食感と見た目のことを考えて細切りに。水にさらしながら使うことで、乾燥を防ぎ、鮮やかな緑色をキープできる。

■ 雷SOBA 1000円

「醤油RAMEN」の醤油ダレのほか、味噌や豆板醤、唐辛子などを合わせた"雷ダレ"を併用。使用するタレの量が多いので、温度が下がらないようスープや九条ねぎの根元の部分と一緒に手鍋で温めて提供する。さらに、赤と青、2種類の花椒を加えた"食べるラー油"を加えてスパイス感を強調。甘辛い味に仕立てた粗挽きの肉味噌にも"痺れ"を忍ばせている。レモンスライスを浮かべることで酸味が加わり、スープにキレが出る。

県外にも多くのファンを持つ
丁寧につくった無化調ラーメン

神奈川を代表する人気店の1つで、丁寧につくり込んだラーメンが評判。タレや油の種類、比率を変えることで、鶏と魚介だしを合わせた1本のスープで6つの定番ラーメンを提供している。県外から訪れるお客も多いため、「せっかく来たなら」と、チャーシュー4枚、メンマ2倍、味玉、海苔3枚がのる"全部のせ"をオーダーする割合が高い。客単価は1050円程度。

昆布だし

1. 羅臼昆布はひと晩かけてRO水で水出しをしておく。
2. 60℃になるまで、羅臼昆布を火にかける。60℃になったら火を消し、恒温調理器で温度管理をしながら1時間だしをとる。
3. 1時間を目途に、旨味がピークに達したら火を止めて羅臼昆布を抜く。昆布だしは流水に当てて冷却。冷蔵庫でひと晩冷やす。

魚介スープ

素材によって旨味の出る温度が異なるため、別々にとったものを合わせている。煮干し類はアジ煮干しをメインに使用。オーブンで焼いてから水出しすると独特のクセを抑えて、旨味を増幅させることができる。

【 材料 】

天然二等羅臼昆布、冷凍ハマグリ、サバ厚削り節、カツオ本枯れ節、片口煮干し、アジ煮干し、サンマ煮干し、米酢(千鳥酢)、RO水

▶ 『渦雷』のスープづくりの流れ

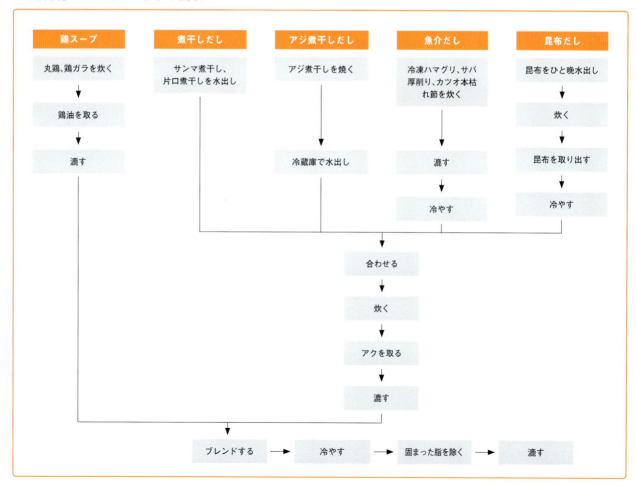

アジ煮干しだし

[1] 150℃で余熱したオーブンにアジ煮干しを入れ、30分焼く。

[2] RO水に焼いたアジ煮干しを入れ、ひと晩かけて冷蔵庫で水出しをする。

魚介だし

[1] 沸騰させたRO水に冷凍ハマグリとサバ厚削り節、カツオ本枯れ節を入れて火にかける。沸騰したら徐々に温度を落とし、85℃をキープした状態で1時間30分だしをとる。

[2] 1時間を目途に、旨味がピークに達したら火を止めて濾す。魚介だしは流水に当てて冷却、冷蔵庫でひと晩冷やす。

【神奈川・辻堂】RAMEN 渦雷

魚介スープの仕上げ

【 材料 】

昆布だし、魚介だし、アジ煮干しだし、煮干しだし

煮干しだし

1. 昆布だしと魚介だしを寸胴鍋に入れ、水出ししていたアジ煮干し、片口煮干し、サンマ煮干しを加える。

2. 炊き始めから中火以下の火加減で5時間ほど炊く。最初に出るアクはきれいに取り除く。

3. 5時間経ったら火を止める。カゴを上げ、スープの上でゆっくり時間をかけて濾す。潰すと内臓から苦味が出てしまうので、ぎゅっと押し潰してスープを搾らない。

米酢を加えたRO水にサンマ煮干しと片口煮干しを加え、ひと晩冷蔵庫で水出しをする。

2 首付き鶏ガラは水に漬けて血抜きをしておく。肺だけは臭みの原因になるのできれいに取り除く。血肝は旨味になるので取り除かない。

鶏スープ

地鶏を使ったのは、旨味が濃くて栄養価が高いから。その中でも、特に旨味が強い黒さつま鶏を使っている。丸鶏だけでなくガラにもしっかり旨味がある点も魅力。血肝も旨味になると考えるため、肺以外はあえて取り除かない。黒さつま鶏の鶏脂は、スープと一緒に炊くことで、よりコクのある鶏油がとれるほか、スープ自体の旨味を増すというメリットもある。

【 材料 】

丸鶏（黒さつま鶏）、首付き鶏ガラ（黒さつま鶏）、鶏脂（黒さつま鶏）、RO水

3 下処理を終えた首付き鶏ガラと鶏脂、RO水を①の寸胴鍋に加え入れる。首付き鶏ガラは入れる時に首の骨を折り、髄を出しやすくしておく。強火にかけ、沸いたら95℃をキープするように火加減を調整し、5時間炊く。基本的にアクは取らない。

1 丸鶏は、脚、手羽、ササミ、ムネ肉と部位ごとにさばき、寸胴鍋に入れる。

営業用スープの仕上げ

【 材料 】

魚介スープ、鶏スープ

1. 漉し終わった後の魚介スープ③と鶏スープ⑤を2対1の割合でブレンドする。

2. 冷水に当てて、スープをしっかり冷やす。冷めたら冷蔵庫でひと晩ねかす。スープの上で冷え固まった脂は酸化しているので、翌朝、きれいにすくい取る。

3. シノワでスープを全て濾し、細かい油のかすまできれいに取り除く。スープを入れる容器が大きいと扱いにくいので、この時に営業時に使う10ℓ用の容器に移し替えておく。

4. 劣化防止のため、スープは冷たい状態で置いておき、注文ごとに手鍋で温めて使用する。

4. 95℃に達して1時間30分が経ったら、スープの表面に浮いてきた鶏油をきれいにすくい取る。取った鶏油は濾しながらタッパーに入れ、氷水で急冷させてから冷蔵庫に移す。

5. 5時間たったら火を止める。スープが濁らないよう、鶏をそっと取り出す。寸胴鍋に残ったスープを濾す。

チャーシュー

低温調理の際にきちんと火入れができていれば、硬くなりやすいモモ肉もやわらかく、おいしく仕上げることができる。砂糖を塗り込むのは保水性を保つため。粗塩は繊維を壊し、やわらかくする目的で肉に塗り込む。オーブンで焼くのは、見た目と香りのため。店外に漂う香ばしい"匂い"も広告だと考えている。

――――【 材料 】――――

豚モモ肉（岩手ありすぽ〜く）、三温糖、粗塩、チャーシュー用醤油ダレ（濃口醤油、みりん、三温糖、料理酒）

1 豚モモ肉を切り、たこ糸で縛って形成。三温糖を塗り、その後に粗塩を塗り込む。乾燥しないようにキッチンペーパーを乗せ、ひと晩、冷蔵庫でねかせる。

2 豚モモ肉をビニール袋に入れ、水の中でビニール袋内の空気を抜きながら真空状態にする。

3 湯を張った鍋に豚モモ肉を入れ、保温用のラップをかける。温度管理をしながら低温で調理する。

4 ビニールにあらかじめ仕込んで冷やしておいたチャーシューダレを入れ、熱い状態のチャーシュー肉を入れる。そのまま氷水につけて粗熱をとる。

5 肉が冷めたら、チャーシュー用の醤油ダレに漬けたまま、冷蔵庫でひと晩置く。

6 翌日、300℃（余熱あり）のオーブンに、冷蔵庫から取り出したばかりの冷たいチャーシュー肉を入れ、5分焼く。5分経ったら上下を反転させ、さらに5分焼く。粗熱がとれたらたこ糸を外して使用する。

細麺

「醤油RAMEN」と「塩RAMEN」に使う切り歯20番の角ストレート麺。粉は6種類をブレンドしていて、メインの「はるゆたか」は味、「春よ恋」は香り、「はるきらり」は歯切れのよさ、「香りほのか」は食感となめらかさ、「ゆめちから」はコシ、「春よ恋（全粒粉）」は、味と香り、栄養素のために使っている。目指したのはつるつる、すべすべでコシのある麺。加水率は35%で、湿度によって±1%増減させている。茹で時間は1分50秒。

【 材料 】

はるゆたか（強力粉）、春よ恋（強力粉）、はるきらり（強力粉）、香りほのか（中力粉）、ゆめちから（超強力粉）、春よ恋（全粒粉）、粉末かん水、RO水、粗塩、卵黄、生卵、コーンスターチ（打ち粉）

1 粉末かん水とRO水、粗塩、卵黄、生卵をよく混ぜ合わせる。その日の小麦粉の温度に合わせて、必要があればこれらを火にかけて温める。

2 6種類の粉に①を合わせてばらがけを行う。最初に3分間ミキシングをしたらふたを開けて、まわりに付着した粉を掃除する。

3 2回目のばらがけは5分間。ミキシングを終えた状態で26℃を目指すが、温度が低ければもう一度ばらがけを行い、摩擦熱で生地の温度を上げる。

4 そぼろ状生地がローラーの間からこぼれるので、棒状にこねた生地をはじめの部分に置き、ストッパーにする。

5 厚さ3mmの粗麺帯を作る。

9 コーンスターチで打ち粉をしながら圧延を行い、麺の厚さを2.84mmに仕上げる。

10 もう一度打ち粉をしながら、圧延。麺の厚さは1.84mmに設定している。

11 圧延をしながら、麺を切り出す。麺の厚さは、最終的に1.3mmに仕上げる。麺線の状態で、冷蔵庫で1日ねかせてから使用する。

6 ローラー間幅を拡げて複合を行う。1回目の複合で3.48mmの厚さにし、2回目の複合で4mmになるよう調整する。

7 乾燥しないように麺帯にビニールをかけ、夏場なら30分、冬場なら45分熟成させる。

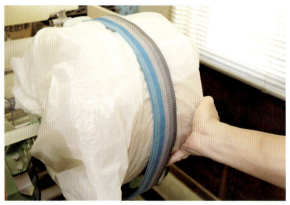

8 状態にむらができないよう、30分(冬場は45分)経ったら麺帯を上下ひっくり返し、さらに30分(冬場は45分)熟成させる。

長野・安曇野

ラーメン屋 きまぐれ八兵衛

- 住所：長野県安曇野市豊科南穂高271-14
- 電話：0263-73-0408
- 営業時間：11時30分～15時、17時30分～23時（22時45分LO）
- 定休日：火曜日、第1水・木曜日

■ 本白味　680円

呼び戻しのスープ技法でつくる長浜ラーメン。豚頭をメイン素材とするクリーミーなスープはコクがあって口当たりもよいが、独特のクセや香りは抑えているので食べやすい。丼で合わせているものは、スープとラード、醤油ダレ。そこに同じ醤油ダレで味付けしたキクラゲと青ねぎ、薄切りチャーシューが2枚のる。麺は、強力粉をメインとする特注のブレンド小麦でつくったもので、歯切れがよく、しっかり硬さのあるものを合わせている。

■ 本黒味 730円

「本白味」のラードをマー油に変えることで、パンチの効いた一杯に。マー油は、ニンニクの焦げ具合が違うものを数種類ブレンドして使うことで、厚みのある味わいに仕立てている。濃厚スープに合わせる硬めの極細麺は、麺量100g、加水率27〜28%、切り歯26番の丸刃麺。低加水麺はにおいが出やすいため、かん水は少な目に設定している。バリカタの茹で時間は10秒、カタは20秒、ふつうは30秒、ヤワは50秒、ヤワヤワは1分20秒。

【長野・安曇野】ラーメン屋 きまぐれ八兵衛

■ つけ麺(大) 940円

長浜ラーメンと同じ豚骨スープと醤油ダレに、酢と上白糖、ゴマ油、一味唐辛子、すりゴマ、青ねぎ、白髪ねぎを合わせて、まったく印象の異なる味をつくり出した。麺は、流行りのつるつる系ではなく、家系の豚骨醤油ラーメンに使っているコシのある麺を使用。切り歯15番、軽いウェーブのかかったやや平打ちの麺で、加水率は36％、茹で時間は6分。並盛は225g、大は375gで提供している。割りスープは、つけ汁と同じ豚骨スープ。

本格的な長浜豚骨ラーメンを信州の地に広めたパイオニア

開業から15年経った今も平日300杯、週末400杯を売る人気店。「東京ならば専門店がいいが、地方は店も少ないので選択肢があった方がいい」という考えから、看板の長浜豚骨をはじめ家系の豚骨醤油、二郎系、背脂チャッチャ系と、豚骨ラーメンはひと通り扱っている。スープは長浜豚骨用、家系用、ライトな豚骨スープの3種類。タレや油は共通で使うものもあるが、スープはブレンドさせずに、それぞれ単体で使っている。仕込みの作業が多い上に豚骨スープは仕込みに時間がかかるので、近年は作業工程を見直して"働き方改革"を実施。血抜きや下茹でをせずに、骨を"蒸す"作業に切り替えたことで、手間の軽減や時間の短縮ができたばかりでなく、スープの旨味アップにもつながった。

豚骨スープ

以前は血抜きや下茹でも行っていたが、手間も時間もかかる上に、最初に出る濃いだしも捨てることになるため、現在は行っていない。また、沸いた湯の中に生の豚頭やゲンコツをそのまま入れると、血が溶け込んでスープが黒くなったり、雑味が出てしまうため、蒸気で血を固めてから炊く手法をとっている。新しい骨を入れるのは1日1回。豚頭もゲンコツも、2日間かけてじっくり旨味を引き出す。髄や脳みそだけでなく、骨自体からもだしが出ると考えているため、サイズが小さくてやわらかくなりやすい国産の豚骨を使っている。

【 材料 】

豚頭、ゲンコツ、水

▶『きまぐれ八兵衛』のスープづくりの流れ

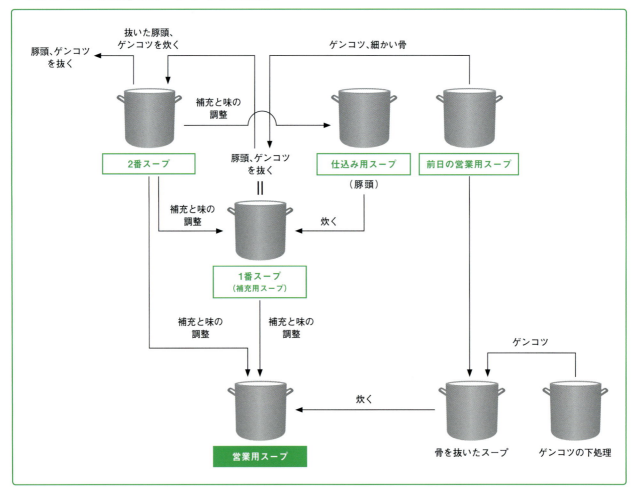

【長野・安曇野】ラーメン屋 きまぐれ八兵衛

仕込みスープ

1. 寸胴鍋に少量の湯を張り、蓋をして沸かす。蓋の隙間から蒸気が出てきたら、豚頭を入れて再び蓋をする。

2. 再沸騰して再び湯気が出てきたら、鍋から火がはみ出さない程度の強火で1時間10分、豚頭を蒸す。

3. 豚頭に熱が通ったら、骨にかぶるぐらいまで湯を足す。その際、アクが出たら取り除く。

ゲンコツの下処理

1. 寸胴鍋に湯を入れて沸かし、背ガラ（別スープ用）を入れて蓋をする。

2. 背ガラと湯がしっかり温まったら、半分にカットしたゲンコツを背ガラの上に乗せて入れる。この時、ゲンコツが湯に浸からないように気を付ける。

3. 蓋をして、再び湯が沸いたら、35分蒸気で蒸す。

4. しっかり火が通ったらゲンコツを取り出し、営業用スープ[2]に入れる。骨と骨の間が赤い場合は、さらに加熱する。骨のまわりに血の塊が付いているが、後で煮込んだ時に浮いてくるので洗わない。

2 蓋をして、スープが対流するぐらいの火加減で3時間炊く。

3 3時間経ったら、強火全開の火加減にする。20〜30分に1回ぐらいのペースで蓋を外し、よく混ぜる。混ぜ終わったらまた蓋をする。

4 約5時間炊いたら豚頭とゲンコツを抜く。骨を抜いたスープは、営業用スープの補充用スープとして使用する。必要があれば2番スープで状態を整える。

4 途中何度か水位調整とアク取りをしながら、蓋をしたまま営業終わりまで炊き続ける。細かいカスが出ると焦げるので、この段階ではスープを混ぜない。

1番スープ

1 昨日の仕込みスープ4を火にかけて沸かす。スープが沸いたら、営業用スープの寸胴鍋に入っている昨日のゲンコツと細かい骨のカスを入れる。

34

【長野・安曇野】ラーメン屋 きまぐれ八兵衛

営業用スープ

1. 営業用スープを火にかけ、強火で沸かしながら、昨日入れたゲンコツを抜く。その際、底の方に沈んでいる細かい骨のカスもきれいに取り除く。抜いた骨類は細かいカスも含めて、1番スープの①で使用する。

2. 血を固めて下処理をした新しいゲンコツを入れる。

3. 骨を混ぜるとスープの表面に血の塊が浮いてくるので、きれいにすくい取る。

2番スープ

1. 新しい寸胴鍋に1番スープから抜いた豚頭とゲンコツを入れ、骨がかぶる程度に湯を張る。

2. 強火全開の火加減で3時間炊く。途中、焦げ付かないようによく混ぜる。

3. 3時間経ったら豚頭とゲンコツを抜き、漉す。2番スープは営業用スープや1番スープ、仕込みスープの補充や味の調整に使用する。

薄切り用チャーシュー

やや甘め、濃い目に仕立てたチャーシュー用の醤油ダレにしっかり漬け込んでつくる。同じ部位、同じ手順で"薄切り"と"厚切り"、2種類のチャーシューを仕込んでいるが、厚さ3mmほどの"薄切り"は長浜ラーメン系の「本味」専用のチャーシューとして使用する。"薄切り"用の肉を煮る時間が2時間、タレに漬け込む時間は50分なのに対して、厚さ1cmほどの"厚切り"用の肉を煮る時間は3時間30分。ふわっとやわらかい分、味がしみ込みやすいので、漬け込む時間は30分でよい。"厚切り"は「中華そば」などに使用する。

【 材料 】

豚バラ肉、チャーシューダレ（濃口醤油、上白糖、精製塩）

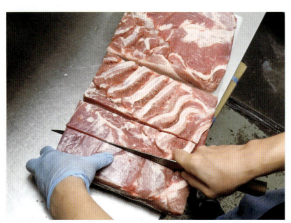

1 豚バラのかたまり肉を8等分にカットする。

2 湯を張った寸胴鍋に入れて一度沸騰させる。その際、別メニューで使う鶏肉や背脂も一緒に炊くと、豚肉の旨味が抜けにくい。

4 営業時間中も火にかけ続け、ゲンコツから出るフレッシュな旨味を重ねていく。スープ表面に浮かんでくる泡は取らない。途中、水位が下がってきたら補充スープや2番スープを足して、水位と味を調整する。

辛子高菜

味付け用の醤油ダレは、長浜ラーメン用のものではなく、より醤油感の強い家系ラーメン用のものを使用。一味唐辛子は、辛さの中にも甘みを含むものを使い、マイルドな辛さを目指している。炒めた時に出る湯気やにおいが客席に流れると、食事中にむせたり咳込んだりさせてしまうため、営業時間中は仕込みを行わない。無料トッピングとして卓上に置いているが、傷みやすいのでアイドルタイムは冷蔵庫で保存している。

【 材料 】

塩漬け高菜、一味唐辛子、煎りゴマ、豚骨醤油ラーメンの醤油ダレ、ゴマ油

1 塩漬け高菜に一味唐辛子と煎りゴマ、豚骨醤油ラーメンの醤油ダレを合わせる。

2 強火にかけて、木ベラで混ぜながら水分を飛ばす。

3 水分がなくなったらゴマ油を入れてなじませる。冷めたらすぐ使用できる。

3 沸騰後は火を弱めて80～90℃の温度をキープしながら2時間炊く。湯の温度が上がり過ぎないよう、蓋の縁を上に反り返らせてあえて隙間を広げている。

4 タレは前日のうちに調味料を足して、一度沸かしておく。翌日、冷めたタレに熱い状態の豚バラ肉を入れて50分漬け込む。

旭屋出版 新刊のご案内

かき氷
for Professional

氷の知識から売れる店づくり
人気店のレシピとバリエーション

夏場には行列、いまや冬にも売れる「かき氷」。
かき氷メニュー開発のすべてを網羅した専門書

かき氷 for Professional

旭屋出版編集部・編
定価：本体3,000円＋税
A4変形判
オールカラー180ページ

● かき氷の技術と経営

・かき氷の「氷」について

・かき氷店を100年続けるために
　監修／『埜庵』店主・
　かき氷文化史研究家
　石附浩太郎

・かき氷の「シロップ」
　監修／IGCC代表　根岸 清

● 人気店のかき氷レシピ

■ 掲載店
Adito／Café Lumière／komae café／BWカフェ／Dolchemente
吾妻茶寮／あんどりゅ。／kotikaze／かき氷 六花

● 行列店のかき氷バリエーション

■ 掲載店
Cafe&Diningbar 珈茶話 Kashiwa／氷舎 mamatoko
KAKIGORI CAFE&BAR yelo／和Kitchen かんな／氷屋ぴぃす
二條若狭屋 寺町店／べつばら／kakigori ほうせき箱
おいしい氷屋 天神南店

お申し込みは、お近くの書店または旭屋出版へ　　https://www.asahiya-jp.com

東京・錦糸町

中華そば 満鶏軒
マンチーケン

- 住所:東京都墨田区江東橋2-5-3
- 電話:03-6659-9619
- 営業時間:11時〜21時(L.O.)
- 定休日:無休

■ 鴨中華そば(醤油) 870円

鴨ガラと水だけでとる鴨100%のスープに、1種類のたまり醤油(岐阜産)を合わせる。その上に低温調理して燻製をかけた鴨ムネ肉とモモ肉のチャーシュー、小松菜の葉、白ねぎの角切り、おろし柚子皮を盛り付け。鴨ガラを炊くときに出る鴨油の他、フォワグラを焼いたときに出るフォアグラ油を数滴、香味油として垂らしている。

■ **鴨中華そば(塩) 870円**

人気が高いのは、鴨のスープにドイツ産岩塩を合わせた「塩」。このスープにはにがりを抑えた塩のほうが合うので、この塩を選んだ。トッピングは「醤油」と同じだが、小松菜は軸のほうをのせる。鴨モモ肉のチャーシューのみバーナーで炙るのも同様。柚子皮は一番香りのいい時季のものをまとめてすりおろして冷凍保存して使っている。麺は「醤油」と同じ国産小麦100%のツルッとした中太ストレート麺を使用。

【東京・錦糸町】中華そば 満鶏軒

■ **鴨中華つけそば（醤油）920円**

つけそばは年中提供。味がなじむよう、つけ汁は、あらかじめたまり醤油、日本酒などと鴨スープを合わせて仕込んでおく。麺の上に鴨ムネ肉のチャーシューをのせ、炙った鴨モモ肉のチャーシューはレンゲにのせて、つけ汁の器に入れて提供する。麺は、中太の少し平打ちがかかった麺。割りスープには、昆布だしを用意している。

鴨スープ

スープ120ℓに対して、使用する合鴨は40羽。1羽で5人前ぐらいしか取れない贅沢な内容だ。鴨肉は血が多いので血抜きをしっかり行うことが重要。同店では3回血抜きをしてからスープを炊いている。下処理をしっかり行い、アクもきれいに取り除くことで、独特のクセを軽減させ、飲みやすい鴨スープに仕立てた。その分、フォアグラ油を加えてワイルドさを出している。

【 材料 】

合鴨の丸鶏（モモ肉とムネ肉を外したもの）、水

スープも油もトッピングも鴨尽くし
１日に３００杯売れる鴨ラーメン

錦糸町の人気店「真鯛らーめん 麺魚」が手掛ける鴨ラーメンの専門店で、平日で200杯、週末は300杯を売る。鴨と鶏でだしをとるラーメンは近年よく見かけるが、「鴨だけでスープをとったら一体どんな味になるんだろう？」と、鴨100％のスープでつくるラーメンを思い付いた。使用する材料は、合鴨と水だけ。大量の鴨を使用する一方で、鴨の味がダイレクトに伝わるよう極力シンプルな味づくりを目指している。鴨油だけでなくフォアグラ油も合わせ、鴨感いっぱいの味に仕立てた。「鴨南蛮そば」を思わせるオーソドックスな醤油の鴨ラーメンも扱うが、他店ではあまり見ない塩味の鴨ラーメンを看板メニューに掲げている。

▶『満鶏軒』のスープづくりの流れ

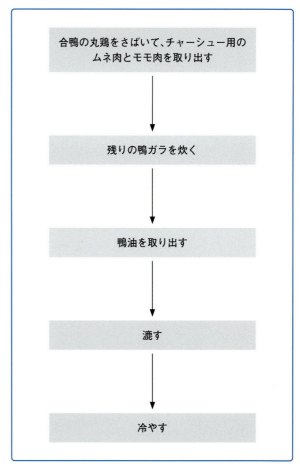

合鴨の丸鶏をさばいて、チャーシュー用のムネ肉とモモ肉を取り出す

↓

残りの鴨ガラを炊く

↓

鴨油を取り出す

↓

漉す

↓

冷やす

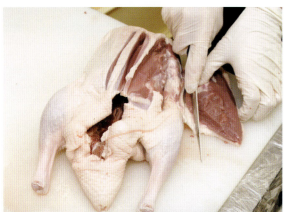

1 合鴨の内臓は、あらかじめきれいに取り除いておく。丸鶏に切り込みを入れて、チャーシューで使用するムネ肉の部分を切り出す。

【東京・錦糸町】中華そば 満鶏軒

4 寸胴鍋に合鴨の丸鶏を入れ、浸らない程度に水を加えて強火にかける。沸いてきたら中火に落とし、6時間炊く。途中、アクが出てきたら都度きれいに取り除く。

5 沸騰から2時間ほど経ったら、均一に加熱できるよう位置を入れ替える。この時、身を叩いて潰しておくとだしが出やすい。

6 沸騰から5時間ほど経ったら、スープの表面に浮いた鴨油を取り除く。鴨油は中華そば(塩と醤油)の香味油として使う。

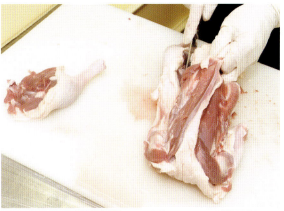

2 次にチャーシューで使用するモモ肉の部分を切り出す。モモ肉の中の骨は切り取る。

3 残った部分はすべてスープの材料として使用する。ラップをかけて冷蔵保存し、翌日、水に浸して血抜きを3回行う。

低温レアチャーシュー

鴨1羽を丸ごと使ったラーメンをつくりたかったので、チャーシューも鴨肉にこだわった。鴨肉は噛み応えがあり、加熱し過ぎると硬くなってしまうことから、火が入り過ぎない低温調理の手法を取り入れている。鴨の味が伝わるよう、塩と胡椒のみでシンプルに味付け。最後にスモークし、桜チップの薫香を施している。しっとりとした食感のムネ肉に対して、ジューシーなモモ肉は表面をバーナーで炙り香ばしさをプラス。食感や味のコントラストも楽しめるよう工夫した。

【 材料 】

合鴨モモ肉、合鴨ムネ肉、精製塩、黒胡椒、桜チップ

7 漉し網を使ってスープを漉す。

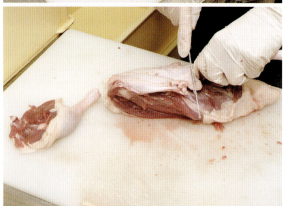

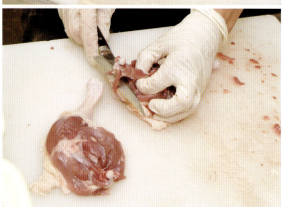

1 丸鶏の状態の合鴨からモモ肉とムネ肉を包丁で切り出し、それぞれ骨を外す。

8 冷水に充てて粗熱をとる。20℃以下まで下がったら冷蔵庫に入れ、翌日以降使用する。

【東京・錦糸町】中華そば 満鶏軒

鴨中華そば（醤油）の仕上げ方

1 たまり醤油、鴨油を丼に入れる。

2 鴨スープを合わせて、泡だて器でしっかりと混ぜる。

3 麺を入れ、角切りにしたモモ肉チャーシューと薄切りにしたムネ肉チャーシューを盛り付ける。モモ肉チャーシューはバーナーで炙ってから盛る。

4 茹でた小松菜の葉の部分、白ねぎの角切りをのせる。モモ肉チャーシューの上には柚子皮のすりおろしをのせ、まわりにフォワグラ油をたらす。

2 切り出したモモ肉とムネ肉に精製塩と黒胡椒をふり、真空状態にして1時間味をなじませる。

3 60℃の湯に 2 を入れ、2時間加熱する。

4 鍋から取り出したら冷水で冷やし、粗熱をとる。冷えたら冷蔵庫に移し、翌日以降使用する。チャーシュー肉は、使用する当日の朝に切り分ける。ムネ肉は7〜8mm程度にスライスし、モモ肉は2〜3cm角にカットする。切った鴨肉は、桜チップで30分ほど燻して香り付け。モモ肉のみ、表面をバーナーで炙って提供する。

東京・上北沢

らぁめん 小池

- 住所：東京都世田谷区上北沢4-19-18 上北沢ハイネスコーポ
- 電話：非公開
- 営業時間：平日11時〜14時30分、18時〜21時 土曜・日曜・祝日 11時〜15時、18時〜21時
- 定休日：不定休

■ **濃厚ラーメン 880円**

2014年4月のオープン時からあるメニュー。スープは、「鶏白湯と煮干し」のスープ。醤油ダレは濃口醤油とみりんと日本酒で作るシンプルなもの。スープに鶏油が混ざっているので、香味油は合わせていない。肩ロースの低温調理したチャーシュー、玉ねぎ、九条ねぎと紫玉ねぎのせん切りを合わせたもの、鶏モモ肉とナンコツで作るつみれがトッピング。

【東京・上北沢】らぁめん 小池

■ ニボ台湾ラーメン 880円

スープ、醤油ダレは「濃厚ラーメン」と同じ。豚挽き肉ピリ辛炒め（台湾ミンチ）、玉ねぎ、ニラ、刻みニンニク、白絞油で作る自家製ラー油のトッピング。「ニンニクなし」の要望は受けている。チャーシューの肩ロースの端切れを利用して台湾ミンチは作っている。麺は「濃厚ラーメン」と同じ、低加水の細ストレート麺（茹で時間1分）。

「鶏白湯＋煮干し」のスープ

総量60kgにおよぶ大量の鶏ガラを炊くので、一度に入れて炊くと寸胴鍋の底で当たりやすいので、分けて入れて炊いている。鶏ガラ、モミジを漉す作業が重労働になるが、電動の遠心分離機「こし太郎」を使うことで30分ほどで終えられるようにしている。

【 材料 】

モミジ、背脂、首付き鶏ガラ、玉ねぎ、瀬戸内産片口煮干し（白口）、千葉産の片口煮干し、熊本産片口煮干し

1 140ℓの寸胴鍋に水、モミジを入れ、次に背脂、玉ねぎを入れ、使う鶏ガラの10kgを入れて点火する。背脂はモミジの10分の1の量。玉ねぎは、薬味に刻んでいるものの端切れ。以前は白ねぎを薬味に使っていたのでねぎ頭を入れていた。

前日に炊いた鶏白湯に3種類の煮干しを合わせる

前日に炊いた鶏白湯に、翌朝、大量の煮干しを加えて炊いて「鶏白湯＋煮干し」のスープを仕上げる。鶏白湯には鶏油を合わせて炊いて、濃厚さを高め、さらに煮干しは瀬戸内産の片口煮干し（白口）と千葉の片口煮干しを同割で計10kgほども入れている。煮干しの風味を強調するため、熊本・天草の節加工した香りの強い片口煮干しも加えている。煮干しの塩分により、仕上がりのスープの塩分が高いので、「濃厚ラーメン」では、1人前180㎖のスープに対して、合わせる醤油ダレはスープの塩分に合わせて5〜10㎖で調整する。

▶︎『らぁめん 小池』の「鶏白湯＋煮干し」のスープづくりの流れ

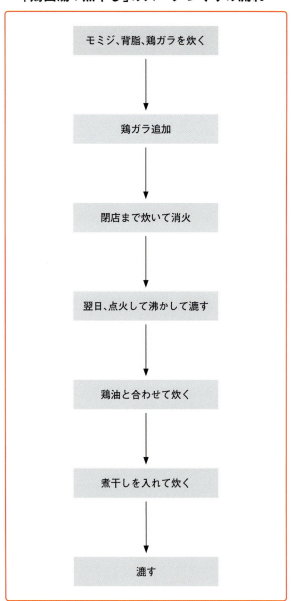

【東京・上北沢】らぁめん 小池

[2] 沸いたら鶏ガラ10kgを加える。一度に鶏ガラを入れると底で当たるので分けて入れる。夕方の5時頃から22時頃まで炊いて火を止める。途中、ときどき混ぜるが、アクは取らない。水も足さない。

[3] 翌朝、営業前に点火して沸かす。沸いたら火を止めて漉す。

[4] 「こし太郎」という遠心分離式の電動漉し機を利用して漉しているので、30分くらいで漉す作業を終えられる。

[5] 別の寸胴鍋に鶏油を入れて、漉した鶏白湯を入れて沸かす。

7 40分ほど炊いて、「こし太郎」で漉す。スープを入れた容器を漉したら氷水に浸して急冷する。

6 沸いたら、瀬戸内産片口煮干し(白口)、千葉産の片口煮干し、熊本・天草の片口煮干し(煮干牛深)を加える。煮干しの総量は約10kg。混ぜて炊く。

故障が少なく超寿命

燃費が半分以下に削減！驚異的！

ラーメン・つけ麺同時OK

茹で上がった麺の うまさが違う!!

㈱孝兄社 管理本部係長 中畑涼太氏
『麺匠 たか松 KAWARAMACHI』

同時に複数の麺を茹でても温度が落ちず、ピーク時でも高品質を維持。以前は開店1時間後には湯を取り替えていましたが、湯の交換が不要になり、1日450杯をさばけるようになりました。（京都府）

㈱一すじの道 代表取締役 月岡二幸氏
『麺屋 あごすけ』

1台でラーメンとつけ麺の両方がまかなえ、省スペースに置ける。前に使っていた機器よりもガス代が下がった他、10年使っても大きな故障がなく、性能の衰えもないので助かっています。（新潟県）

ハイブリッドガスゆで麺機

ハイブリッドIHゆで麺機

蓄氷シンク

小林熱機工業株式会社

〒146-0091 東京都大田区鵜の木1-5-8 TEL:03-3759-2749 FAX:03-3757-3678 https://www.k-netsuki.co.jp

神奈川・茅ヶ崎

麺屋 BISQ
ビスク

- 住所：神奈川県茅ヶ崎市東海岸北1-7-21ブルーマリン茅ヶ崎1階
- 電話：0467-33-5229　■営業時間：平日11時〜14時30分、18時〜21時
  土曜・日曜・祝日は11時〜14時30分、18時〜20時
- 定休日：月曜日（祝日の場合は営業し、翌日の火曜日休業）

■ まぜそば 800円

2016年のオープン時より提供している人気メニューで約3人に1人が注文。少し甘めのまぜそば用の醤油ダレに、おろしニンニク、鶏油を合わせる。麺は、加水率40％のもっちりした食感の中太麺。まぜそば用の麺も国産小麦粉だけで自家製麺している。スパイスをきかせた味付け挽肉、自家製ラー油をトッピングする。追い飯は100円で受け付けている。

【神奈川・茅ヶ崎】麺屋 BISQ

■ 味玉鶏そば 880円

信玄どりと名古屋コーチンの丸鶏と信州黄金シャモの鶏ガラ、鴨ガラ、ゲンコツでとる清湯。醤油ダレは島根産の生醤油を主体に、再仕込み醤油と2種類のたまり醤油を合わせ、節類のだしを加えたもの。スチコンで低温で加熱調理する豚肩ロースと鶏ムネ肉のチャーシュー、穂先メンマ。香味油は名古屋コーチン主体の鶏油。しなやかさを追求した、国産小麦粉だけで自家製麺する加水率37％の中細麺を合わせる。

鶏スープ

以前は、信玄どりの丸鶏と信州黄金シャモの鶏ガラでスープを取っていたが、風味と旨味の奥行きを深めたくて別の銘柄の鶏ガラを足したり日々研究を重ねてきた。現在は、丸鶏は信玄どりと名古屋コーチンの2種類で、信州黄金シャモの鶏ガラの他に鴨ガラも合わせて仕込んでいる。丸鶏はムネ肉、モモ肉にさばいて、鶏ガラとは時間差で、温度管理をしっかりしながら炊いている。

――――――【 材料 】――――――

丸鶏（信玄どり、名古屋コーチン）、首付き鶏ガラ（信州黄金シャモ）、鴨ガラ（国産）、ゲンコツ

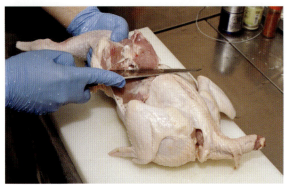

1　信玄どり、名古屋コーチンの丸鶏をさばいて、ガラとモモ肉、ムネ肉、手羽に分ける。肉の部分とガラの部分でだしの出方が違うので、時間差で炊くためにさばく。信玄どりと名古屋コーチンは同割。

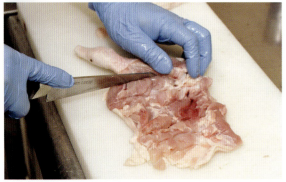

2　モモ肉、ムネ肉は、だしが出やすいように格子状に切れ目を入れておく。モモ肉のところは開いて切れ目を入れる。

日々、製法も材料も考えながら、味わいの改良と向上を目指す!

店主の松澤一隆さんは、15年のサラリーマン生活ののち、5年間ほど神奈川・東京の有名ラーメン店に勤めて2016年12月に独立した。当初から無化調と自家製麺、そして国産食材を主体にすることをコンセプトにしている。鶏清湯、貝だし、煮干しスープのレギュラーメニューの他、木曜日夜限定で鶏白湯も出す。開業後もスープの仕込み方、材料の組み合わせを研究し続けて、味の向上を目指してきた。

▶『麺屋BISQ』のスープづくりの流れ

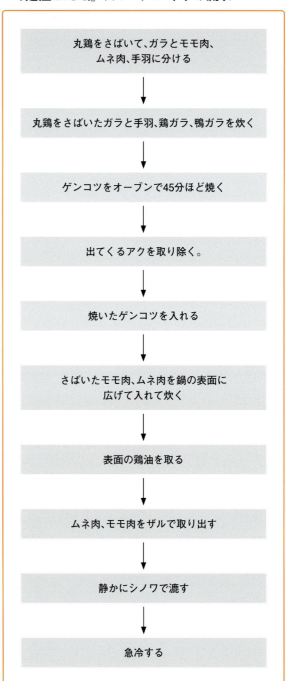

【神奈川・茅ヶ崎】麺屋 BISQ

6 鶏ガラ、鴨ガラを炊いている間にゲンコツの下処理をする。カットしたゲンコツを仕入れ、180℃のオーブンで45分ほど焼く。焼いてから炊くと、だしが出る速さが増す。

7 焼いたゲンコツは室温で冷まし、焦げて黒くなったところを流水で洗う。

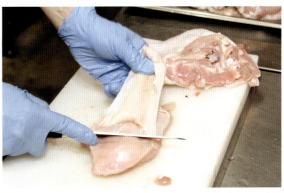

3 名古屋コーチン主体の鶏油を取りたいので、信玄どりの皮は取り除いて寸胴鍋には入れない。名古屋コーチンの皮はそのままで使う。

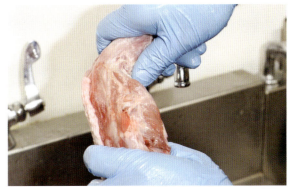

4 信州黄金シャモの首付きガラは、首が太く、セセリの肉も付いているので選んだ。鶏ガラは水洗いしてから、だしが出やすいように首の部分を折って炊く。

5 寸胴鍋に水を張り、丸鶏をさばいたガラと手羽、鶏ガラ、鴨ガラを炊く。水はシーガルフォーの浄水器を通したもの。清湯のスープづくりには細かい火力調整が必要なので、電磁ヒーターでステンレス寸胴鍋で炊いている。沸くまでは強火で蓋をして加熱する。

| 8 | 鶏ガラ、鴨ガラの鍋が沸いたら、火力を落としてフツフツとした状態で炊く。出てくるアクを取り除く。鮮度のいい鶏ガラを使うので臭みを消すための香味野菜を入れる必要がないので加えていない。 |

| 10 | 続いて、信玄どり、名古屋コーチンのモモ肉、ムネ肉を鍋の表面に広げて入れる。肉からのだしが出やすいよう、切れ目を入れた側を下にして入れる。モモ肉、ムネ肉を入れたら火力を強め、96℃まで上げて、そこから火力を調整して96℃をキープしながら炊く。混ぜないで、5時間ほど炊く。 |

| 9 | アクを取ったら、鶏ガラ、鴨ガラの上に重ねるようにゲンコツを入れる。一度に入れるとスープを濁らせてしまうので静かに入れる。 |

| 11 | 5時間ほど炊いたら表面の鶏油を取る。鶏油は漉して香味油として使う。 |

まぜそば用の麺

北海道産と長野県産を7対3の割合で配合して、国産小麦粉100％で製麺する。まぜそば用の麺は、もっちりとした食感で、醤油ダレがからみやすい中太麺。「鶏そば」と同じスープを使う「淡麗つけ麺」の麺も、これと同じ生地、同じ切り歯10番で作るが、生地の厚みを薄くして平打ち麺にしている。

――【 材料 】――

長野県産小麦粉（ユメセイキ、ハナマンテン）、北海道産小麦粉（ゆめちから、ゆめかおり）、全卵、かん水、水、塩

[1] 全卵を溶いて、かん水と水、塩を合わせて冷やしておいたかん水溶液と混ぜ合わせる。

[2] 小麦粉だけミキサーにかけてしっかり混ぜ合わせる。北海道産小麦粉と長野県産小麦粉の割合は、現在7対3。

[12] 続いて、ムネ肉、モモ肉をザルで取り出す。この鶏肉には旨味が残っているので、限定メニューで使う鶏白湯の材料用に冷蔵庫で保存しておく。

[13] 肉の部分を取り出したら、スープを静かにシノワで漉す。シノワの上から押して搾ったりせず、自然に漉す。丸鶏に信玄どりだけを使い、鴨ガラも入れていなかったときは、旨味を出すために漉す前に寸胴鍋の中を混ぜていたが、現在は混ぜないで澄んだスープを取るようにしている。

[14] 漉したら、容器を氷水に浸けて急冷する。その後、冷蔵庫に移して1日ねかせる。営業で使用する直前まで冷蔵庫に入れておく。営業中は手鍋で温めながら使う。

7 3回複合したら、麺帯の状態でビニール袋をかけて30分ほど生地を休ませる。

14 切り出し。切り歯10番（角刃）で麺線にする。まぜそば用の麺は1人前190g。桐箱に入れて保存する。つけそば用も同じ生地で同じ切り歯10番だが、生地の厚みを変えて平打ち麺にしている。

❶鶏そば用の麺　❷煮干しそば、塩そば用の麺　❸つけそば用の麺　❹まぜそば用の麺

3 かん水溶液を入れてミキシングする。途中、ミキサーの羽根に付いた生地を取り除きながら、全体に水分が浸透するまで約3分混ぜる。

4 粗麺帯にする。麺帯を2つ作って、続いて複合の作業に移る。

5 複合は3回。徐々に厚みを絞り、生地に圧力をかける。

6 加水率40％で、くっつきやすい生地なので、複合3回目は打ち粉をふりながら複合する。

58

白河ラーメンの真髄
とら食堂 全仕事

とら食堂 店主 **竹井和之** 著

- B四六判 ハードカバー 222ページ
- 定価 本体3000円＋税

本書の内容

第1章　とら食堂物語
　〜白河の歴史

第2章　とら食堂物語
　〜白河ラーメンの歴史
　　（とら食堂前史）

第3章　とら食堂物語
　〜「とら食堂」の誕生

第4章　とら食堂物語
　〜「とら食堂」の歴史
　　（竹井さん時代）

第5章　手打ちラーメンの真髄
　〜手打ち麺

第6章　手打ちラーメンの真髄
　〜スープ

第7章　手打ちラーメンの真髄
　〜かえし（タレ）、チャーシュー

第8章　手打ちラーメンの真髄
　〜具材

第9章　手打ちラーメンの真髄
　〜仕上げ

「とら食堂」は、福島県白河市の中心地から10キロほど離れた農村地帯にある。店の駐車場を眺めていると、福島ナンバーはもちろん、栃木、群馬、茨城、千葉、埼玉、東京、神奈川と、関東各都県ナンバーの車がずらりと並ぶ。ラーメン業界の人から見ても、特に日本一と自他共に認める手打ち麺の技術は、完全な「とら食堂」オリジナルなものとして注目されてきた。白河という小さな地方都市で、独自に日本一の手打ち麺が作り上げられたことは、「奇跡」と言えるのではないだろうか。本書は、その「奇跡」を後世に残すために作られた。卓越した「技術」と、そこに込められた「思い」を可能な限り正確に記録し、同世代、そしてのちの世代のラーメン職人にとって価値ある一冊になるように編集した。

旭屋出版　https://www.asahiya-jp.com

★お求めは、お近くの書店または左記窓口、旭屋出版WEBサイトへ。

東京・方南町

クラム＆ボニート
貝節麺ライク
（かいぶしめん）

- 住所：東京都杉並区方南2-21-21
- 電話：03-5913-9119
- 営業時間：11時30分〜15時、18時〜21時
- 定休日：月曜日（祝日の場合は営業）

■ 貝節塩そば 820円

ホンビノス貝を軸に、アサリとハマグリのだしを合わせて重厚感を演出。貝だけだと単調になるので、カツオの旨みも重ねて膨らみを持たせた。タレは、干しエビや鶏挽き肉などで旨味を補強した塩ダレ。さらに、きのこと宗田節の香りを付けたきのこ油、ホンビノス貝をフードプロセッサーにかけて白絞め油で煮出した貝のペーストオイルを合わせ、味の変化が楽しめるつくりに仕立てた。

【東京・方南町】 クラム&ボニート 貝節麺ライク

■ 煮干し貝そば 820円

スープは、片口煮干しとアゴ干物、アゴ煮干し、ヒラゴ、真昆布、椎茸でとった煮干しだしと貝だしを4対6の割合でブレンドしたもの。序盤は煮干しの風味がガツンとくるが、冷めるにつれて貝の旨味が立ってくる。丼で合わせるのは、醤油ダレと煮干し油。麺は、パツパツとした食感の低加水麺を使っている。夏限定の「貝節つけそば」に対し、冬の限定麺として提供。

🟩 和え麺 200円

「煮干し貝そば」を注文したお客限定で提供している専用の替え玉メニュー。麺にはあらかじめ貝のペーストオイルが和えてあり、そこに少量の貝スープと煮干し油、醤油ダレを合わせている。トッピングは、紫玉ねぎと刻んで炙った鶏ムネ肉のチャーシュー、ホンビノス貝のペースト、海苔。そのまま混ぜて和え麺として食べても、残ったスープに入れて替え玉としても楽しめる。

【東京・方南町】クラム&ボニート 貝節麺ライク

貝だし

ホンビノス貝は安くたくさん使うことができるので、パンチを効かせてスープのボディとして使用。アサリはファーストインパクト、ハマグリはだしの風味が舌に残るので余韻を出す目的で使っている。貝は冷凍するとだしが強く出るので、貝類はあえて冷凍ものを仕入れている。貝を炊く際は、混ぜるとスープが濁ったり、砂が出るので触らない。水位が下がらないよう常に蓋を閉めて炊き続け、だし感が弱い時は、営業時間中に新たな貝で追って味を調整する。

【 材料 】

ホンビノス貝、ハマグリ、アサリ、水

1 ホンビノス貝は砂を多く含んでいるので、水で洗っておく。

2 水を張った寸胴鍋にハマグリとアサリ、ホンビノス貝を入れ、蓋をして強火にかける。水は、貝がかぶる程度まで入れる。

貝だしの旨味をガツンと効かせたインパクトのある味でファンを獲得

カツオが主役の本店『Bonito Soup Noodle RAIK』に対して、セカンドブランドとなる同店の主役は貝。アサリで一口目のインパクト、ホンビノス貝でパンチ、ハマグリで余韻と、3種類の貝のだしで複雑な旨味を表現している。そこに、得意とするカツオだしを合わせることで、動物オフながらも存在感のある味を完成させた。ほかにも、毎日鮮魚スープの素材が替わる「貝節潮そば」や都度素材の内容が替わる限定麺なども用意。何度も足を運びたくなるメニューづくりにも力を入れている。

▶ 『貝節麺ライク』のスープづくりの流れ

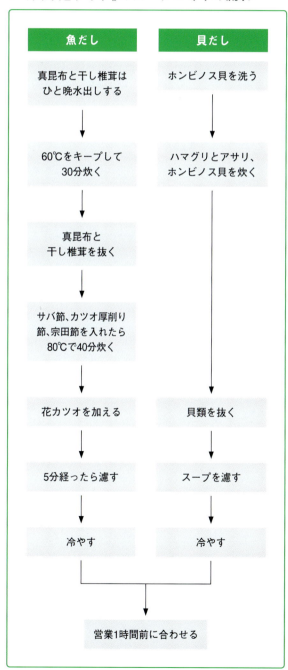

5 砂類がまざっているので、細かいメッシュの網でスープを濾す。スープを移し入れたた寸胴鍋は、流水に当ててシンクで冷やす。

6 次の営業で使う分だけ魚だしと合わせる。残りは冷蔵庫で保存する。

3 沸騰したら、蓋を開けて貝を平らにならす。火加減は、強火全開から内火の中火に落とし、再び蓋をする。その際、蓋の上には重石を置き、スープの蒸発を防ぐ。

4 2時間経ったら、火を止めて貝類を抜く。取り出したホンビノス貝は身だけ取り出し、トッピングの「貝のペーストオイル」の材料として再利用する。

【東京・方南町】クラム&ボニート 貝節麺ライク

3 30分経ったら、真昆布と干し椎茸を抜く。

4 サバ節、カツオ厚削り節、宗田節を入れたら少し火を強める。80℃の状態をキープしながら、40分炊く。アクが出てきたら、都度すくい取る。

5 80℃の温度をキープした状態で花カツオを加え、"追いがつお"をする。

魚だし

貝だしにカツオ節のだしを合わせてみたところバランスがよかったので、足りない旨味を補強するために使っている。ただし、カツオ節はあくまでも下支え。貝だしと魚だしを合わせたスープは「貝節潮そば」や夏季限定の「貝節つけそば」などに使用するが、一度にたくさんの量を合わせてしまうとスープが劣化する上、ロスにもつながるので営業前やアイドルタイムに使う分だけを合わせている。動物系のスープを使わないので、冷やしメニューにも応用できるという利点もある。

【 材料 】

真昆布、干し椎茸、サバ節、カツオ厚削り節、宗田節、花カツオ

1 真昆布と干し椎茸はひと晩水出ししておく。

2 火入れをし、60℃の状態をキープしながら30分炊く。アクが出てきたら、都度すくい取る。

営業用スープ

冷蔵保存しておいた魚だしと貝だしを、営業の1時間ぐらい前に合わせる。注文ごとに手鍋で温めて使用する。営業用スープはなるべくその日のうちに使い切る。

6 5分経ったら火を止め、すぐに濾す。

7 スープを移し入れた寸胴鍋は、流水に当ててシンクで冷やす。

神奈川・横浜

自家製麺 SHIN

- 住所：神奈川県横浜市神奈川区反町1-3-8
- 営業時間：水曜日～土曜日11時30分～14時30分、18時～21時（売り切れ次第終了）
  日曜日と月曜日 11時30分～14時30分
- 定休日：火曜日

■ アゴだし醤油らーめん 800円

平戸産のアゴ煮干しと焼きアゴ煮干しをメインにとるスープに、カツオだしで炊いたタケノコ、3時間炊いた豚バラチャーシュー、クコの実、柚子皮、三つ葉をトッピング。醤油ダレは作らず、地元の「よこはましょうゆ」とスープを合わせる。麺は2種類の強力粉で作る弾力があって歯切れのいい22番の細ストレート麺。1人前150gで茹で時間は50秒ほど。

■ アゴだし塩らーめん 800円

スープ、麺、香味油は「醤油らーめん」と同じ。トッピングは、三つ葉ではなく万能ねぎに。塩ダレは、アゴ煮干し主体の魚介だしに瀬戸内の花藻塩を合わせて作っている。3時間炊いて脂を落とした豚バラチャーシューは冷やしても柔らかく、薄く切れないので1cmほどの厚みに切ってのせている。現在、「塩らーめん」と「醤油らーめん」の売れ数は、ほぼ半々。

【神奈川・横浜】自家製麺 SHIN

■ **アゴだしつけめん 850円＋半熟味玉100円**

つけめんは年中提供する。魚介だしのスープ、合わせる醤油、香味油、麺は「醤油らーめん」と同じ。味玉はカツオだしと醤油、砂糖で味付けする。つけめんに合わせる豚バラチャーシューは、フライパンでさっと焼いて麺の上にトッピングする。つけ汁の割りスープは、カツオだし。ラーメンも含めて、スープの「濃い・薄い」の調整の要望も聞いて対応している。

アゴだし

アゴだしの良さを生かすために、一番だしを使うイメージで、エグみを出さないように短時間だけ水に浸し、炊く時間も短くする。和食の上質のだしを取るときと同様に、漉すときも絞ったりせず、やさしく漉したものを使用している。

【 材料 】

アゴ煮干し　焼きアゴ煮干し、片口煮干し（白口）、ソウダ節、だし昆布、干し椎茸

魚介系のだしのみで作るスープに、それに寄り添うトッピングで構成

「自家製麺＆無化調」をコンセプトに2013年にオープン。創業時は、鶏と豚の動物系スープにムロアジやサバ節を投入した動物魚介タイプだった。当初から限定で出していたアゴだし主体で魚介系のだしのみで作るスープを、人気があるので2019年からメインのスープに切り替えた。動物系の材料は、香味油として合わせるねぎ油に配合するラードと、豚バラ肉のチャーシューのみ。チャーシューは、魚介だしのスープに合うよう、専用ダレで脂が落ちるまで3時間炊いて、そのまま浸け込む。また、メンマではなく、タケノコの水煮をカツオだしで炊いたものをのせる。味付け玉子もカツオだしで炊いたものをのせる。

▶『自家製麺SHIN』のスープづくりの流れ

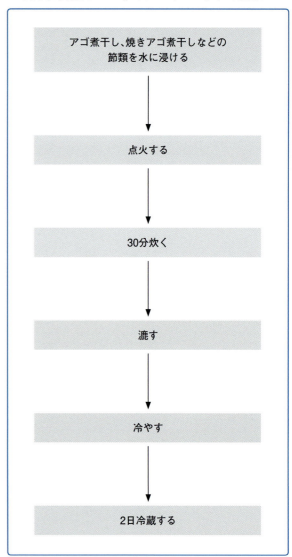

アゴ煮干し、焼きアゴ煮干しなどの節類を水に浸ける
↓
点火する
↓
30分炊く
↓
漉す
↓
冷やす
↓
2日冷蔵する

1 水に節類を浸ける。前日から浸けると浸け過ぎで風味が劣化するので、営業前から浸け始める。節類を水に浸けるのは3～4時間。水温の低い冬場は長く浸ける。浸けているときは、上下を変える程度に混ぜるだけ。強く混ぜるとだしが濁るので混ぜない。

【神奈川・横浜】自家製麺 SHIN

2 水に浸けたら点火。沸くまでは強火だが、沸いたらグラグラさせない火加減にする。炊いているときも混ぜない。

3 30分炊いて漉す。最初に平網で節類をすくい出す。網の上から押したり強く降ったりせず、網を寸胴鍋の縁にかけて自然にだしを落とす。

4 節類をすくい出したら、細かい目のシノワで漉す。

5 漉したら、冷水に当てて冷やしたのち、冷蔵庫に移す。およそ2日冷蔵して落ち着かせてから営業に使う。営業中は手鍋で温めながら使う。

麺

細麺でも、しっかりコシがあって伸びにくい麺、噛むと弾力がありながらパツンと切れのいい細麺を目指している。小麦麦芽が豊富なフランスパン用粉の「リスドオル」を7割に、いろいろな小麦粉を試して、もう1種類ベストマッチの強力粉を見つけ出し製麺している。複合を5回することで、細麺でありながら伸びにくく弾力のある麺に仕上げる。麺帯でも麺線にしてからも麺はねかせないで、営業前に製麺した麺は、その日の昼の営業から使う。「塩らーめん」、「醤油らーめん」、「つけめん」には同じ切歯22番の麺を使用する。

【 材料 】

リスドオル、強力粉、全卵、モンゴルかん水、塩、水

1 前日から合わせて冷やしておいた、水と塩、かん水を合わせたものと、ほぐした全卵を混ぜ合わせる。

2 小麦粉とかん水溶液を合わせてミキシングする。ミキシングは5分ほど。かん水溶液が均一に浸透したかどうかを握って確認する。加水率は38％前後。

3 粗麺帯にする。粗麺帯を作り、1回圧延して麺帯を2つ作り、複合に移る。

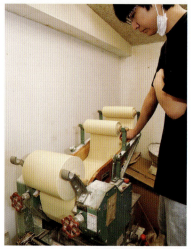

4 複合する。複合は5回。生地を何度も畳んで踏むさぬきうどんのイメージで、弾力のある生地にしていく。

5 切り出し。角刃の22番。切り出した麺に打ち粉をふる。朝、製麺した麺は、その日の昼の営業から使う。「塩らーめん」、「醤油らーめん」、「つけめん」ともにこの麺。ラーメンで茹で時間は50秒ほど。

塩らーめんの仕上げ方

1 丼に塩ダレ、ねぎ油を入れる。ねぎ油は、ラードと植物油の混合油で白ねぎのみじん切りを炊いて漉したもの。塩ダレは、塩（瀬戸内の花藻塩）とアゴだしを合わせたもの。「醤油らーめん」では、「よこはましょうゆ」のみをアゴだしと合わせる。

2 アゴだしを注ぐ。アゴだしの色が濃いので、スープに醤油も加えているように見えるが、醤油は使っていない。

3 麺を入れ、チャーシュー、万能ねぎ、クコの実をトッピングする。「醤油らーめん」では、柚子皮、タケノコ煮、万能ねぎの代わりに三つ葉をトッピングする。

東京・銀座

江戸前つけ麺 銀座 魄瑛(はくえい)

- 住所：東京都中央区銀座4-10-1 HOLON GINZA2階　　■電話：03-3542-6190
- 営業時間：11時30分～15時30分、16時30分～19時30分
  （LOは各30分前、スープなくなり次第終了）
- 定休日：日曜日、月曜日

■ 特製つけ麺 1200円

信州小麦100％の特注麺は麺量200g。超低加水麺(加水率25～27％で調整)ながら、多加水麺のようなつるつるしなやかな食感が楽しめる。つけ汁は鶏スープに江戸前しじみのだしと塩ダレ、鶏油、ねぎを合わせたもの。麺の上にシジミムースがのるほか、ライムも添え、味の変化が楽しめる工夫をしている。塩、胡椒、醤油でシンプルに味付けし、表面をローストした牛モモと豚肩ロース、鴨ロースの3種類のチャーシューの他、黒トリュフがのる。

くっつき防止と旨味を加える目的で、麺には昆布水を和えている。その上からトリュフオイルをまわしかけて、香り付け。複雑な風味を演出している。

銀座のトリュフ専門店「ムッチーニイタリア」のトリュフオイル、トリュフバター、トリュフ塩をつけめんや卵かけご飯に使い、高級感のある味わいに仕立てている。

74

【東京・銀座】江戸前つけ麺 銀座 魄瑛

銀座という立地にふさわしい特別感のあるつけめんを提供

長野・長野市『頑固麺飯魂 気むずかし家』や東京・春日『本枯中華そば 魚雷』、御徒町『チラナイサクラ』など、全国に店舗展開を進める『ボンド・オブ・ハーツ』グループの代表・塚田兼司氏がプロデュースを手掛けるつけめん専門店。高級食材であるトリュフと地元、東京湾に流れ込む河川で獲れる江戸前しじみを組み合わせ、銀座という立地にふさわしい特別感のあるつけめんを考案した。高級な街のイメージに合わせて、ハイブランドを強調。空間演出や食器選びなど、セルフブランディングにも余念がない。サイドメニューの「トリュフ卵かけご飯」(1000円)も高価格帯ながらよく売れている。

スープ

「つくりたいラーメンにもよるが、つけめんの場合はある程度雑味があった方が厚みが出る」と考えているため、この仕込みでは、ガラ類はなるべく洗わない。その分、アクはきれいに取り切り、クリアでパワフルなスープに仕立てる。鶏ガラは、ネックの部分多く使うことで肉の旨味を強調。鶏肉が持つ独特の甘みを引き出した。店舗が狭いためスープはセントラルキッチンで仕込み、真空包装で冷凍配送。劣化防止や長期保存ができるので、イベントの際にも重宝するという。スープは店舗で温め直し、注文ごと手鍋に1杯ずつ江戸前しじみを投入。フレッシュなだしを重ねている。

【 材料 】

鶏ガラ(主にせせりの部分)、丸鶏、モミジ、逆浸透膜水、シジミ

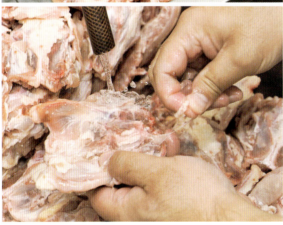

1 鶏ガラを流水に当てて、表面の血を軽く洗い流す。雑味を残したいので内臓は取り切らない。

▶『江戸前つけ麺 銀座 魄瑛』のスープづくりの流れ

モミジと鶏ガラを強火で炊く
↓
アクを取る
↓
丸鶏を入れて炊く
↓
アクを取る
↓
丸鶏をいったん取り出して切れ目を入れる
↓
浮いてきた鶏油を取る
↓
シノワで漉す
↓
真空包装する
↓
0℃に設定したチラーで急冷してから冷凍する
↓
店に配送

4 出てきたアクはすべて取り切る。スープを対流させながら炊くと、ガラ類の間に溜まったアクまで取り切ることができる。

5 沸騰から2時間経ったら丸鶏を入れる。スープが再沸騰したら火を落とし、90℃台前半を目安にしながら2時間炊く。見た目の目安はスープがうねる程度。スープが対流する温度をキープし、アクが出た場合は都度取り除く。

2 丸鶏も流水で軽く洗い流す。手を入れて内側の部分も軽く水洗いする。モミジは洗わない。

3 寸胴鍋に逆浸透膜水を張り、モミジと鶏ガラを入れて強火にかける。

76

【東京・銀座】江戸前つけ麺 銀座 魄瑛

8 最初の沸騰から7時間ほど経ったら、スープをシノワで漉す。

9 できあがったスープを5ℓずつ袋に入れ、真空包装する。

6 途中、丸鶏の身がやわらかくなってきたら(再沸騰から1時間が目安)いったん取り出し、火が通りやすくなるよう包丁で切れ目を入れる。大きさによって包丁を入れる場所は変わるが、モモやムネなど肉の部分に切れ目を入れると、だしがとりやすい。切れ目を入れた丸鶏は寸胴鍋に戻す。

7 最初に丸鶏を入れてから2時間が経ったら、再び火を落としてさらに3時間炊く。表面に浮いてきた油はきれいに取り除き、後で鶏油として使用する。

13 沸騰してきたらタレと鶏油も加えて、一緒に手鍋で温める。

14 シジミの砂が入らないよう、シノワで漉しながらスープを丼に入れる。

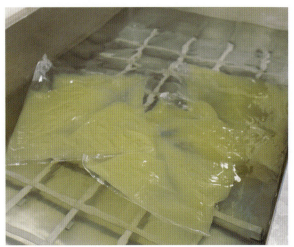

10 0℃に設定したチラーに入れて、スープを完全に冷やす。

11 スープが冷たくなったら、段ボールに入れて冷凍庫へ。この時、表面の水気を拭き取っておかないと凍った時に袋同士がくっついてしまうので注意する。

12 店舗では湯煎で解凍しておいたスープを手鍋で都度温めて使用する。その際、シジミも加えてスープにフレッシュなだしを重ねる。

【東京・銀座】江戸前つけ麺 銀座 魄瑛

シジミムース

塩とシジミのだしを合わせた生クリームを冷蔵庫でねかせ、翌日撹拌。九分立てにしたものを麺の上にのせて提供している。つけ汁自体はあっさりとしているが、クリームが溶け出すことで味が次第に変化していく。

――【 材料 】――

生クリーム(47%)、シジミ、塩

1 塩を入れた生クリームにシジミを加えて火にかける。沸騰したら弱火に落として10分炊き、シジミのだしを抽出する。

2 漉して、氷水に当てて急冷する。

3 翌日、営業前にハンドミキサーで撹拌し、九分立てにする。麺の上にトッピングする。

鶏油

ブロイラーの鶏油だけでは、旨味や香りに乏しいため、濃厚な鶏の風味が出せる赤鶏の鶏油をメインで使用。そこにスープから抽出した鶏油を合わせることで、スープとの一体感を持たせている。

――【 材料 】――

赤鶏の鶏脂、水、鶏油(スープから取ったもの)

1 赤鶏の鶏脂に水を加えて強火にかける。沸騰したらアクを取り切り、火を落とし、水分を飛ばしていく。

2 冷蔵庫で冷やし、穴を開けて水だけ捨てる。

3 スープとのなじみを考慮し、スープから取った鶏油と赤鶏の鶏油を1対4でブレンドして使用する。

東京・蒲田

麺屋 まほろ芭

- 住所：東京都大田区蒲田5-34-4
- 電話番号：なし
- 営業時間：11時～14時、18時～23時
- 定休日：無休

■ 濃厚牡蠣煮干そば（牡蠣ニボ）970円

元々は看板メニューとして出していたが、材料の高騰により原価率が48％になってしまったため、現在は杯数制限をして提供（昼20食、夜15食）。濃厚な煮干しスープに牡蠣ペーストと牡蠣オイルを合わせた一杯で、飲んだ時に"牡蠣"が感じられるようなインパクトのある味、他店にはないオリジナリティのある味を目指した。牡蠣はフレッシュな風味を活かしたいので、煮干しではなく生牡蠣を使用。生食用は味が薄いので、味の濃い加熱用のものをあえて使っている。タレは岡直三郎商店の生揚げ醤油とヤマサ醤油、魚汁の3種類の醤油をブレンドしてつくる醤油ダレ。魚汁の個性的な風味が、個性的なスープにさらなるフックを与えている。トッピングには、牡蠣のオイル漬けと粗みじんの玉ねぎ、青ねぎ、海苔、豚肩ロースのレアチャーシューがのる。

【東京・蒲田】麺屋 まほろ芭

■ 泥煮干中華そば（バカニボ）790円

旨味と甘みが特徴の伊吹産白口煮干しに苦味とパンチが特徴の瀬戸内産の青口煮干しを合わせ、煮干しの風味を全面に押し出した。アクは取らずにスープになじませ、ぐらぐら煮立たせながら炊くことで力強い味わいに仕立てている。それを受け止めるのはモミジと背脂でとった動物スープ。とろみやボリューム感が出せる他、味もまろやかにしてくれるので、煮干しのクセをほどよく抑えられる。同店のトレードマークともいえる大ぶりのチャーシューは、真空状態で低温調理した豚肩ロース。水と重曹、塩を入れた寸胴鍋に肉を1日漬け、やわらかくしてからタレに漬け込む。さらに、冷凍庫で保存するのもポイント。繊維を壊すことで、肉質がさらにやわらかくなるという。

替え玉（油そば風）190円

パツパツとした食感の低加水の中細ストレート麺に煮干しオイルと醤油ダレを和えたもの。麺の上には玉ねぎとチャーシューのほぐし身、煮干し粉がのる。替え玉としてはもちろん、しっかり味が付いているので和え麺としてそのまま食べることもできる。コスパの良さも相まって、替え玉率は50％を超える。

煮干し×牡蠣で唯一無二の味を体現

本郷三丁目の人気店『麺屋 ねむ瑠』の2号店。烏賊と煮干しを組み合わせた濃厚ラーメンで人気を博した本店に対し、同店は牡蠣と煮干しを組み合わせた濃厚ラーメンで話題を集めた。店主の松原さん曰く「煮干しラーメンはたくさんあるが、微妙な差ではなく、圧倒的な差別化を狙いたかった」とのこと。個性的な食材を巧みに取り入れ、他店では味わえない独自性を打ち出すことに注力する。原料高騰のため、残念ながら看板の「牡蠣煮干」は杯数限定メニューになってしまったが、「ペースト」と「油」を合わせる牡蠣煮干の手法を応用し、現在は甘エビを使った新メニュー「海老煮干」で勝負を挑んでいる。

濃厚煮干スープ

短時間で出汁がとれるモミジと背脂がベース。それでも通常4時間はかかるが、圧力寸胴鍋を使うことで仕込みの時間を半分に短縮させることに成功した。水出しした煮干しをあらかじめペーストにしてから合わせているので、動物スープとのなじみも早い。圧力寸胴鍋は鍋底が厚いので白湯をぐらぐら強火で炊いても焦げにくく、スープを濃縮させる時も付きっきりにならずに済むというメリットもある。

【 材料 】

πウォーター、背脂、モミジ、カタクチイワシ煮干し(白口と青口の2種)、ニンニク、玉ねぎ、キャベツ、生姜、ねぎの青い部分

1. 2種類のカタクチイワシ煮干しにπウォーターを張り、前日から冷蔵庫で水出ししておく。

2. 圧力寸胴鍋にπウォーターと背脂、モミジを入れ、火にかける。

▶ 『まほろ芭』の濃厚煮干スープづくりの流れ

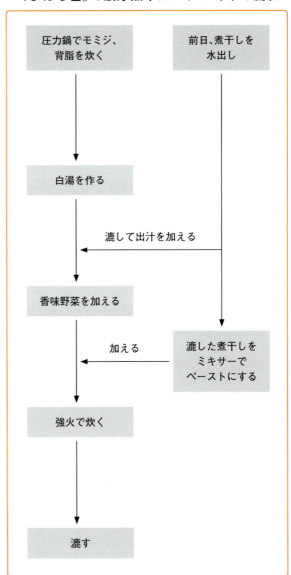

【東京・蒲田】麺屋 まほろ芭

7 ⑤に⑥の煮干しペーストを加える。

8 水を加えたら木べらでよく混ぜ合わせ、強火にかける。途中、アクが出てくるが、真っ黒なアク以外は基本的に取らない。

9 3時間30分ほどぐらぐら煮立たせながら2/3程度までスープをつめていく。圧力寸胴鍋はあまり焦げ付かないので、途中は軽く混ぜる程度でよい。

10 シノワを使い、素材を押し潰しながら濾す。

3 40分ほどすると圧力がかかるので、その状態で40分炊き、白湯を作る。

4 前日から仕込んでおいた①の煮干しの水出しをシノワで濾しながら白湯に加える。

5 ④にスライスした生姜と半分にカットしたニンニク、キャベツ、玉ねぎ、ねぎの青い部分を入れる。

6 煮干しの出がらしはミキサーにかけてペースト状にする。一度で撹拌はできないので、最初に低速、次に高速の2段階に分けると撹拌しやすい。

味の
チャート

濃厚煮干スープ ─┬─→ 塩ダレ+煮干し油 ─────────→ 泥煮干中華そば
　　　　　　　　 └─→ 醤油ダレ+牡蠣ペースト+牡蠣オイル ─→ 濃厚牡蠣煮干そば

2　牡蠣は冷蔵庫でひと晩かけて解凍させておく。解凍できたら水洗いする。

3　フライパンに少量のサラダ油をひき、牡蠣と料理酒、ラーメンの塩ダレを入れる。

4　最初は最大火力で加熱し、ブクブクしてきたら強火に落とす。焦げ目がつかないように木べらで混ぜながら、料理酒や牡蠣から出る水分を煮詰めていく。

牡蠣ペースト

煮干しの主張が強いため、香味油だけでは負けてしまう。そのため、ペーストを併用することで、牡蠣のインパクトを強めることを思い付いた。スープを飲んだ時に牡蠣のフレーバーを感じてほしいので、あまり撹拌しすぎないことがポイント。液体にしてしまうと風味が落ちてしまうので、つぶつぶの食感が残る程度に止めている。バターを使うのも風味付けが目的。有塩タイプのものはスープの味を邪魔してしまうので、無塩バターを使っている。

───【 材料 】───

無塩バター、牡蠣のオイル漬けの煮汁、冷凍牡蠣、サラダ油、料理酒、塩ダレ

1　容器に無塩バターを入れ、牡蠣のオイル漬けの煮汁（P86の 5 参照）を加える。

84

【東京・蒲田】麺屋 まほろ芭

5 水分量が半分になったら火を止める。

8 冷えたらミキサーにかけてペーストにする。この時、つぶつぶの食感が残るように気を付ける。

6 1に煮汁ごと入れる。

9 しっかり冷えたら、ラップをかけ、冷蔵保存。

7 氷水に当てて急冷する。

85

牡蠣のオイル漬け

当初はオリーブオイルに漬け込むことを考えたが、価格と香りの問題からサラダ油を使うことになった。ポイントは、なるべく弱火で牡蠣が縮まないようにすること。オイルに臭いが付いてしまうので、焦げにも注意する。牡蠣を漬け込んだ油は、「牡蠣オイル」として使用。タレと共にスープと合わせる。

―――――【 材料 】―――――

冷凍牡蠣、サラダ油(炒め用)、料理酒、ニンニク、タカノツメ、ローリエ、サラダ油(漬け込み用)

1 牡蠣は冷蔵庫の中で一晩かけて解凍しておく。解凍できたら水洗いをする。

2 少量のサラダ油をフライパンに入れ、牡蠣と料理酒などを入れる。

3 強火にかけ、沸いたら弱火に落として10分ほど加熱する。味がまんべんなく染みるよう、途中木べらで混ぜ続ける。

4 スライスしたニンニク、タカノツメ、ローリエ、サラダ油を入れ、漬け込み用のオイルを作る。

5 ③を濾し、煮汁と牡蠣に分ける。

6 ④のサラダ油の中に⑤の牡蠣を加える。煮汁は牡蠣ペーストの材料として使用する。

7 冷水に当てて急冷する。

86

東京・池袋

麺屋 六感堂

- 住所：東京都豊島区東池袋2-57-2 コスモ東池袋101
- 電話番号：03-5952-6006
- 営業時間：11時30分～15時LO、17時30分～21時LO、土日祝11時～15時 17時30分～21時LO
- 定休日：火曜日

■ グリーン麺（しお） 870円

店主の渡邊直樹さんが大和製麺の大和麺学校に通っていた際に一番おいしいと感じた"和出汁"で作った、無化調、無添加のヘルシーラーメン。塩ダレは4種類の塩にホンビノスや真ダイのアラ、日高昆布、カタクチイワシ煮干しのだしを重ねたもので、複雑な旨味でスープを支える。麺は通常の麺とユーグレナ粉を練り込んだグリーン麺の2種類から選択が可能。もちっと噛み応えのある美しい緑色の麺はSNS映えするほか、健康志向の強い人からの評判も良い。以前は8対2で圧倒的にグリーン麺の注文率が高かったが、オープンから5年が経った現在は通常麺のおいしさも広まり、6対4ぐらいの割合で落ち着いている。満足度を考え、デフォルトでも鶏と豚、2種類のチャーシューをのせる。

■ 特製ワンタン麺（醤油） 1170円

醤油ラーメンには、小豆島のヤマロク醤油をはじめ、蔵の異なる4種類の濃口醤油をブレンドし、カタクチイワシ煮干しと日高昆布のだしを合わせたタレを使用。キリッと醤油感のある味わいが魚介スープをぐっと引き締めるが、このまま食べると蕎麦やうどんのような印象になってしまうため、ラードを加えてラーメンっぽさを出している。麺に使う小麦粉は三重産の準強力粉とふすまの部分を含む北海道産の二等粉をブレンドしたもの。二等粉は香りが良い分、たくさん入れるとぼそぼその食感になってしまうので、つるつる食感を加えるために卵白粉も混ぜている。特製ワンタン麺には、エビワンタンが3粒、豚のチャーシューが2枚、鶏のチャーシューが1枚、さらに味玉がのる。

週替わりの限定麺に合わせて、ワンタンも専用に仕込んでいる。旬の食材を使用するなど個性的な内容。この日は鶏モモ挽き肉に鯛、ニンニク、タイムのペーストを合わせた餡を包んだ。

【東京・池袋】麺屋 六感堂

■ 煮干和えそば 820円

麺は平打ち風に切り出した切り歯16番の中細麺。つるつる、もちもちとした食感を重視して開発した自家製麺で、オーストラリア産の中力粉「プライムハード」をメインとする外麦粉でつくっている。加水率38％の中加水麺で、麺量は180g。タレは背ガラベースのだしに濃口醤油と三温糖を加えた甘めの醤油ダレで、ラードに煮干しの風味を重ねた煮干し油と一緒に麺と和えている。トッピングには、鶏と豚のチャーシューがそれぞれ1枚ずつ、メンマ、粗みじんにした玉ねぎ、青ねぎ、バラ海苔がのる。提供時に添えて出される柚子のタバスコを混ぜると、酸味と辛味が加わって、一気にパンチの効いた味わいに。印象がガラリと変わる。

魚介スープ

動物系の素材に比べると原価がかかるが、手間がかからず短い時間で仕込めるので、乾物系でとる魚介スープのスタイルを採用した。カツオ節をメインに使うと原価がかかりすぎてしまうため、いろいろな素材を使うことでコストカットを実現。複雑な味を演出できるというメリットもある。レシピは、量と時間、温度を正確に決めているので、誰が仕込みを行っても均一の味になるよう工夫している。

【 材料 】

カタクチイワシ煮干し、日高昆布、混合節（カツオ節、サバ節、ウルメ節、アゴ節）、πウォーター

1 カタクチイワシ煮干しと日高昆布は、ひと晩水出しをしておく。

2 寸胴鍋にカゴをセットし、水出ししておいたカタクチイワシ煮干しと日高昆布をだしごと入れる。さらに水を足し、蓋をした状態で強火にかける。

グリーン麺で有名に！現在は限定麺でも集客中

ユーグレナ粉を配合した緑色のヘルシー麺が話題となり、人気店に。開店当初から、化学調味料を使わず、魚介系の素材だけでとるスープを採用している他、カフェのようなオシャレな内装も相まって、若い女性客からも支持を集めている。最近は、毎週内容が替わる限定ラーメンや限定ご飯でも話題。「飽きられやすい時代なので、同じ味で何度もリピートしてもらうのは難しい」と、毎週土・日・月の3日間に渡って限定メニューを提供している。ツイッターやインスタグラムといったSNSで随時告知を行っているため客足も上々。ツイッターのフォロアーは現在3000人、インスタグラムのフォロアーも1000人いる。

▶ 『六感堂』のスープづくりの流れ

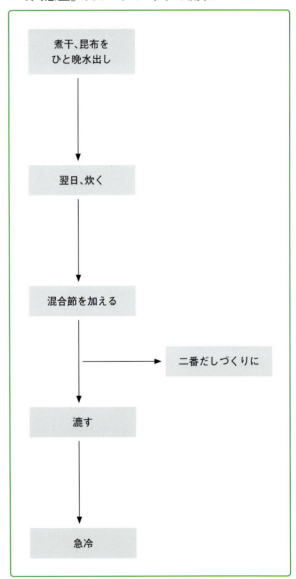

【東京・池袋】麺屋 六感堂

5 シノワにキッチンペーパーをセットし、スープを濾す。

6 氷を張ったシンクで急冷し、冷蔵庫へ。注文ごとに手鍋で温めて提供する。

3 30分ほど経って85〜90℃になったらとろ火に落として、混合節を入れる。途中、アクは取らない。

4 混合節を入れて8分経ったらカゴを引き上げる。カゴを斜めにして、素材の間に残ったスープも取り切る。

鶏チャーシュー

湯煎よりも温度が安定しやすいコンフィの手法をとっている。鍋に入れる際は、均一に火入れができるよう肉が重ならないよう注意すること。鶏の仕込みが終わってから豚の仕込みを行うと効率がよい。

【 材料 】

鶏ムネ肉、塩チャーシューダレ（豚の背ガラ、水、ニンニク、タカノツメ、三温糖、モンゴル岩塩・沖縄海塩など4種類の塩、合わせ酢）、サラダ油

1 鶏ムネ肉は皮と筋を取り除き、きれいに掃除する。

2 塩チャーシューダレに漬け込み、冷蔵庫へ。60分置いて味をなじませる。

二番だし

漉した後のだし素材で二番だしをとり、炊き込みご飯や限定メニューのおひたし、煮びたしなどのメニューに活用している。担々麺の胡麻ダレを作る際も、水の代わりに二番だしを使用するなど汎用性が高い。

【 材料 】

魚介スープを濾した後のだし素材（カタクチイワシ煮干し、日高昆布、混合節）

1 スープをとっただし素材に水を加える。

2 70℃の温度で30分煮出したら火を止めてカゴを上げる。

3 シノワにキッチンペーパーを敷き、スープを濾す。氷を張ったシンクで急冷し、冷蔵庫で保存する。

豚肩ロースチャーシュー

食中毒防止のため、豚肉の中心温度が75℃ぐらいになるよう火入れを行う。ただし、68℃を超えるとタンパク質が固まり始め、肉が硬くなってくるので、兼ね合いを見極めながら熱を加える。

【 材料 】

豚肩ロース肉、塩チャーシューダレ（豚の背ガラ、水、ニンニク、タカノツメ、三温糖、モンゴル岩塩・沖縄海塩など4種類の塩、合わせ酢）、サラダ油

1　豚肩ロース肉はブロック肉を半分に切り、たこ糸で縛る。

2　塩チャーシューダレに漬け込み、冷蔵庫へ。90分味をなじませる。

3　サラダ油の温度を65〜75℃にし、豚肩ロース肉を入れて60分間コンフィにする。

3　55〜60℃に温めておいたサラダ油に鶏ムネ肉を入れる。温度に気をつけながら40分間コンフィにする。

4　こまめに鶏ムネ肉の位置を入れ替えたり、ひっくり返したりしながら、均一に火入れする。

5　粗熱がとれたら冷蔵庫で保存。できたてはやわらかくスライスしづらいので、ひと晩寝かせてから使用する。

麺

和えそば用の麺は16番の切り歯で切り出すが、薄く切り出して平打ち麺風にしている。ユーグレナ粉を配合したグリーン麺の切り歯は22番。ユーグレナ粉は小麦粉10kgに対して100gしか使わないが、きれいな緑色が出てインパクトがある。しおらーめん用の麺は切り歯22番。ふすま入りなので香りがいい。

醤油ダレ

蔵の違う4種類の濃口醤油をブレンドし、深みを演出。醤油感を際立たせた。だし素材は、カタクチイワシ煮干しや日高昆布を合わせている。

塩ダレ

モンゴル岩塩、沖縄海塩など4種類の塩に、ホンビノスや真ダイのアラ、日高昆布、カタクチイワシ煮干しの旨味を重ねただし感のあるタレ。

和えそば用タレ

背ガラベースのだしに濃口醤油と三温糖を加え、甘めに仕立てた醤油ダレ。醤油の風味が薄まってしまうため、みりんは使わない。

4 こまめに位置を入れ替えたり、ひっくり返したりしながら、均一に火入れする。

5 粗熱がとれたら冷蔵庫で保存。できたてはやわらかくスライスしづらいので、ひと晩寝かせてから使用する。

都内屈指の人気ラーメン店『饗 くろ㐂』（千代田区神田和泉町）が、限定ラーメンで追求したスープ・タレ・香味油・具材・麺を全解説。

上質を追求した 旬のラーメン

黒木直人 著
～『饗 くろ㐂』の春夏秋冬～

- 1月～12月に出した限定麺、つけそば、和えそば、59品の考え方と作り方
- 『饗 くろ㐂』のレギュラーメニューと考え方
- 盛り付けの流儀　● 麺の盛り方
- 薬味の切り方　●『饗 くろ㐂』の 丼の哲学
- 『饗 くろ㐂』の 四季のご飯と作り方

- B5判・並製・260ページ
- 定価　本体3500円＋税

旭屋出版　https://www.asahiya-jp.com

★お求めは、お近くの書店または左記窓口、旭屋出版WEBサイトへ。

東京・錦糸町

真鯛らーめん 麺魚

- 住所：東京都墨田区江東橋2-8-8 パークサイドマンション1F
- 電話番号：03-6659-9619
- 営業時間：11時～21時
- 定休日：無休

■ 真鯛らーめん雑炊セット 1090円

丼で合わせるのは、真ダイの中骨と身の部分からとったスープと鯛油と塩。タレはあえて使わず、塩だけでどれだけタイのファーストインパクトを出せるかにこだわった。海水塩はにがり成分が強く塩分が立ちすぎてしまうので、甘塩っぽいものと塩分が強くなく旨味のあるもの、2種類の岩塩をブレンドしている。真ダイ100%のスープにアクセントを加えるのが、柚子の爽やかな香りや炙り真鯛ほぐしチャーシューから染み出る香ばしい香り、味玉やチャーシューがまとう燻製の香り。さまざまな香りで何度も味をリセットできるとあって、スープを飲み干していくお客も多い。完飲率をさらに高めているのが、お客の1/3がオーダーするという雑炊の存在。残ったスープをご飯にかけると、麺の時に感じた印象とはまた違ったおいしさが楽しめる。

【東京・錦糸町】真鯛らーめん 麺魚

味玉は真鯛らーめんのスープに漬けた後、スモーク。さらにスープを注入。

■ 特製濃厚真鯛らーめん 1210円

真ダイのアラから出る力強い旨味とコラーゲンをベースに、モミジ由来のとろみとまろやかさを重ねて飲み応えのある一杯を追求。真鯛らーめんで使用する2種類の塩と鯛油のほか、たまり醤油ベースのタレを加えて、キリッと味を引き締めた。醤油の旨味が加わることで、より複雑な味を演出できるという。麺は香りのよい全粒粉入りの中太ストレート麺を使用。真鯛らーめんの麺と麺帯は同じだが、やや太く切り出すことでパワフルなスープのインパクトにも負けない存在感を持たせている。「特製」には、船橋産の海苔と真鯛らーめんのスープを注入した燻製味玉を追加でトッピング。桜とブナチップで燻製にしたチャーシューも倍量になるなど、お得な内容になっている。

■ 真鯛つけ麺 870円

つけ汁は、真鯛らーめんのスープと2種類の岩塩、香り付けのたまり醤油、鯛油を合わせたもの。真ダイの旨味を全面に立たせたいので、甘味や酸味を加えるための調味料などは使わない。具は真ダイの炙り真鯛ほぐしチャーシューと柚子、青ねぎをつけ汁の上にのせ、麺の上にスモークチャーシューをのせている。柚子は大分の農家から旬の時期に仕入れたもの。スープに溶かして食べると、爽やかな風味に変化する。麺は濃厚真鯛らーめんと同じ切り歯14番の中太麺を使用。全粒粉を練り込んでいるので、香りがよく、麺のおいしさも楽しめる。麺量は200g。アラとモミジで炊いた濃厚スープを使った濃厚真鯛つけ麺も展開している。

真鯛らーめんのスープを炊いている時に出る油を香味油としている。

【東京・錦糸町】真鯛らーめん 麺魚

濃厚真鯛らーめんのスープ

真ダイのアラだけでは粘度が弱いので、モミジを加えてとろみを補強し、飲み応えを出している。アラはそのまま炊くと生臭いが、下茹でをしたりローストすると脂が溶け出してしまうため、湯引きで臭みを消している。臭みの原因になるので、エラは事前に取り除くこと。どんなに血抜きをしても目の裏側に溜まった血がスープにしみ出て臭みとなるので、途中、香味野菜を加えている。

【 材料 】

モミジ、真ダイのアラ、ニンニク、生姜

1. モミジは水に浸して血抜きをしておく。水を張った寸胴鍋にモミジを入れて強火で沸かし、アクをとる。

2. 真ダイのアラは水に浸して血抜きをしておく。臭みの原因になるので、エラは取り除く。

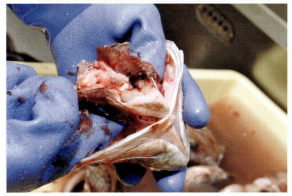

路面店で1日600杯!
話題の真ダイのラーメン

真ダイを全面に押し出したラーメンで一躍人気店に。真ダイのほぐし身や真ダイのスープを黄身に注入した味玉など、トッピングにも随所に"鯛"を散りばめている。以前は8坪8席の店舗で仕込みをしながら11時〜16時の営業時間で200杯を売っていたが、現在は25坪16席の店舗に移転。仕込みをセントラルキッチンに集約し、営業時間も11時〜21時に伸ばしたことで平日でも450〜500杯、週末は600杯売る大繁盛店となった。最寄り駅前にできた大型商業施設にも出店し、錦糸町を代表する名店に成長。系列店間でお客を取り合わないよう、本店だけの限定メニューを展開するなど対策を講じている。

▶ 『麺魚』のスープづくりの流れ

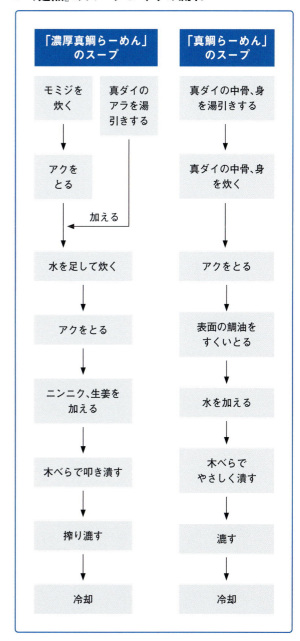

6 アクが出なくなったらスライスしたニンニクと皮を剥いて半分に切った生姜を加え、蓋をして強火で1時間30分炊く。

7 蓋を外し、木べらで身や骨を叩いて崩していく。最初は15分間隔ぐらい、濃度が上がってきたら5分間隔ぐらいに叩き、火加減を調整しながらモミジや真ダイのゼラチン質を乳化させる。トータルで2時間30分この作業を行う。

8 ナイロン製の漉し袋にスープ素材を入れ、万力で搾りながらスープを漉し網で漉す。

3 真ダイのアラを熱湯で湯引きし、ぬめりと汚れ、臭みを洗い流す。湯引きに使った湯はすべて捨てる。

4 1の寸胴鍋に湯引きしたアラを加える。かぶらない程度に水を足し、蓋をして強火にかける。

5 沸騰する直前に蓋を外し、アクを取り除く。

100

【東京・錦糸町】真鯛らーめん 麺魚

真鯛らーめんのスープ

前日の夜8時まで生きていた新鮮な真ダイを翌朝スープに。タイだけのスープなので、飲んだ時に物足りなさを感じることがないよう、大量の真ダイを使ってインパクトを持たせている。使用するのは身が付いた中骨と脂ののった身の部分。刺身でもおいしく食べられるものをスープに使う。200kgの中骨を使い、約500杯分のスープを一度に仕込んでいる。

――――【 材料 】――――

真ダイの中骨、真ダイの身(脂の多いおなかの部分)、ニンニク、生姜

9 殺菌のため、濾した終わったスープをもう一度沸騰させる。沸騰したら火を止め、漉し網を使ってもう一度濾す。

10 冷水に当てて粗熱をとる。20℃以下に冷えたら冷蔵庫でひと晩寝かし、翌日以降使用する。

1 真ダイの中骨を熱湯で湯引きし、ぬめりや汚れ、臭みをとる。湯引きに使った湯はすべて捨てる。

5 中火の状態でポコポコ沸かしながら2時間炊き、一度火を止める。火を止めて10分ほどすると表面に油の層ができるので、きれいにすくい取る。この油は鯛油として使用する。

6 水を加えて再び強火にかけ、沸騰したら中火に落とす。木べらで優しく骨と身を崩し、1時間半ほどかけてだしをとりきる。漉し網を使ってスープを漉す。

7 冷水に当てて粗熱をとり、冷蔵庫で冷やして翌日使う。

2 真ダイの身も湯引きを行う。同様に湯引きに使った湯はすべて捨てる。

3 寸胴鍋に水を張りながら、湯引きした真ダイの中骨を入れ、その上に真ダイの身をのせる。かぶらない程度に水を張ったら。蓋をして強火にかける。

4 沸騰の直前で蓋を外して中火に落とし、木ベラで叩いて真ダイの中骨を折っていく。骨が崩れてくるとアクが出てくるので、アクはきれいに取り除く。

炙り真鯛ほぐしチャーシュー

真ダイの旨味が詰まったスープに、一層の"タイ感"を加えるのが真ダイのほぐし身。グリルパンで焼き目をつけた後にバーナーで炙っているので、香ばしい風味が加わり、スープのいいアクセントに。

【 材料 】

真ダイの身の部分、精製塩

1 真ダイの身の部分に精製塩をふる。

2 グリルパンに移し入れ、蓋をして蒸し焼きにする。

◀◀◀ **重版出来!!** ▶▶▶

チームをつくる・お客をつくる・売上をつくる

実例 飲食店のすごい店長

必読その1
飲食店のすごい店長が実践している**チーム力アップ作戦・顧客満足度アップ作戦・売上アップ作戦**etc.
様々なノウハウが満載！

必読その2
すごい店長を育てる外食企業の人材育成のノウハウも大公開！

必読その3
人材育成がすごい『DRAEMON』の赤塚元気氏が「**店長の極意**」を伝授。

旭屋出版刊
定価 **1800**円+税

Smokeチャーシュー

精製塩と粗挽き黒胡椒で味付けした豚肩ロース肉を低温調理し、さらに燻製にする手間のかけよう。スライスをしてから燻製にすることで表面積が広がり、薫香を全体に付けることができる。

【 材料 】

国産豚の肩ロース肉、精製塩、粗挽き黒胡椒

1　国産豚の豚肩ロース肉に精製塩と粗挽き黒胡椒をまぶし、真空の状態で冷蔵庫で8時間以上味をなじませる。

2　60℃の湯で4時間30分加熱する。

3　途中、位置を入れ替えながら、まんべんなく焼き目を付ける。その際、焦げないように火加減を調整しながらふっくら焼き上げる。

4　焼きあがったら、身をほぐしながら手作業で小骨を丁寧に取り除く。

5　営業中、トッピングする前にバーナーで炙る。

104

【東京・錦糸町】真鯛らーめん 麺魚

茹で小松菜

西船橋産の生産者から直送で届く小松菜。鯛らーめんには、箸休めになるようしゃきしゃきとした茎の部分、濃厚真鯛らーめんには、スープがからむよう葉の部分を主に使っている。

麺

北海道産小麦粉に石臼挽きした北海道産全粒粉を10％配合したもの。真鯛らーめんには薄く切り出した切り歯18番の角ストレート麺、濃厚真鯛らーめんには14番の角ストレート麺（左）を使う。

3　冷水に充てて完全に冷やす。冷えたら冷蔵庫に入れ、翌日以降使用する。

4　翌朝スライサーで2mmの厚さにスライスし、さらにひと晩冷蔵庫に置く。

5　営業前にブナとさくらチップのスモークで2時間30分燻製する。

6　トッピングして上の方だけバーナーで炙る。炙ったところ、その下のレアなところ、その下のスープに浸って加熱されたところの3層の味の違うチャーシューを楽しんでもらう。

英語ができなくてもできる！
訪日外国人からの評判を高める飲食店の対策集

堀田実希 著

ますます増大する訪日外国人を、低コスト・初期費用ゼロでできる集客・接客対応のコツとノウハウを事例、参考例を豊富にまじえて、わかりやすく、すぐに活用できるように紹介。

- そのまま使える英語文例いろいろ
- 「これはダメ！」の事例いろいろ
- 低コストのやり方いろいろ

旭屋出版

■ A5判・240ページ
■ 定価 本体1800円＋税

★日本の飲食店の「慣習」とのズレが外国人とのトラブルの源
　★こんな逆効果の英語表記をしていないか！
　★意外と怖い個人個人の固定観念＝外国人の接客に不向きな人チェックリスト
　★外国人向けメニュー表を低コスト＆売れるように作るポイント…など。

■ 著者プロフィール
堀田実希（ほった・みきほ）
合同会社 訪日インバウンド対応総合研究所 代表社員
(http://www.jp-inbound.com/)
インドネシア語・英語翻訳・通訳/外国人誘客コンサルタント。1986年生まれ。マレーシアの現地高校への交換留学、南山大学外国語学部アジア学科を経て、インドネシアの日刊邦字紙に入社。帰国後、記者時代に培った洞察力とネットワーク、英語・インドネシア語・日本語のマルチリンガルを強みに、合同会社・訪日インバウンド対応総合研究所を設立。イスラム教徒集客や、ゲストハウスの立ち上げ・集客サポートを行う。

旭屋出版　https://www.asahiya-jp.com

★お求めは、お近くの書店または左記窓口、旭屋出版WEBサイトへ。

東京・荻窪

らーめん ねいろ屋

- 住所：東京都杉並区天沼3-6-24　　■電話：03-6915-1236
- 営業時間：平日11時30分〜15時、18時〜20時、土日祝11時30分〜18時（15時〜16時に中休みの場合あり）
  ※かき氷のみのオーダーは平日14時〜15時、18時〜20時、土曜・日曜・祝日16時〜18時
- 定休日：火曜日

■ 瀬戸内しょうゆらーめん（特製トッピング）1100円

鶏スープはブレンドせず、鶏頭入りの煮干しスープのみを使用。青魚の風味になじむよう、醤油ダレにはイカナゴの魚醤を合わせ、味に膨らみを持たせている。さまざまな素材の旨味を複雑に重ねながらも、特徴的な魚醤の味を軸に持ってくることで、印象に残る味を演出。スープに鶏油を加え、ラーメンらしいふくよかな旨味も持たせている。特製はバラ肉の煮豚が2枚、肩ロースの煮豚が1枚、低温調理の鶏ムネ肉が1枚、他に瀬戸内海苔と味玉がのる豪華な仕様。豚肉は花巻から生の白金豚を取り寄せているため、肉質がよく、旨味をたっぷり含んでいる。分厚く切られて出されるので、肉のおいしさを堪能できると評判。味玉は讃岐コーチンの玉子を使い、本枯れカツオ節と白たまり醤油で上品に味付けを施した。

■ 地鶏と煮干のしおらーめん 950円

鶏スープと煮干しスープを1対1の割合でブレンドし、鶏油と塩ダレを併せてつくる。300mlのスープに対して15mlの鶏油を合わせるが、夏場はすっきりとした味に仕上げたいため、10mlに抑える。塩ダレはイカ煮干しとイカ魚醤を加え、醤油ダレとはまた違った趣の個性を強調。ほどよくクセのある味わいが、スープのフックとなっている。麺は切り歯22番の細ストレート麺。店主の松浦克貴さんはスープに麺の味が移ることを好まないため、あえて風味に特徴のない麺を合わせて、スープの味を引き立てることに徹した。アレルギーのことを考え、麺に玉子は使わず、調味料も醸造アルコールを使っていないものを厳選。スープとなじんで甘みを増した愛媛県西条市産の青ねぎからも、素材選びのこだわりが伝わってくる。

108

【東京・荻窪】らーめん ねいろ屋

■ 地鶏の濃厚とりそば 1100円

スープは、鶏のネックやモミジ、丸鶏から成る2番だしの素材に、大量の鶏頭を加えてつくる鶏白湯。脂で乳化させるというよりは、素材を潰して濁らせるというイメージなので、旨味は強いが、濃度はそれほど高くない。ただし、さらっとした飲み口のスープの場合、タレの旨味が伝わりにくいので、「地鶏と煮干のしおらーめん」で使っている塩ダレのほかにも、まったりとした味わいで風味も強い『大桂商店』(長野県上田市)の味噌だまりを2対3の割合で使っている。「塩ダレだけだと、ライトな印象になり過ぎて物足りない」と店主の松浦さん。丼で合わせる鶏油は、スープの脂の状態によって量を調整している。270mlのスープに対して、使用する鶏油の量は最大で10ml。ほとんど入れない時もあるという。

生女峰いちごミルク 950円

酸味を効かせた果物感たっぷりのイチゴソースと、牛乳と砂糖、水飴、スキムミルクでつくったミルクシロップを合わせた定番氷。ソースに使う女峰は5、6月の酸っぱい時期に収穫し、砂糖を最小限に抑えてソースに仕立てている。「ラーメンを食べた後にクールダウンしてほしい」という理由から、氷の温度は標準よりも冷た目の設定にしている。

| 煮干しスープ |

カツオをメイン素材として使うと主張し過ぎるので、高級な本枯れ厚削り節を少量使い、旨味だけを抽出。アジもタチウオも上品な味わいなので、複数の種類のだし素材を組み合わせて厚みを持たせた。絞りかすが残っているとスープが傷みやすいので、目の細かいさらしを使って徹底的に濾している。

【 材料 】

アジ煮干し、片口煮干し、タチウオ煮干し、真昆布、鶏頭（媛っこ地鶏）、本枯れ厚削り節、純水

1 魚介のだし素材（アジ煮干し、片口煮干し、タチウオ煮干し、真昆布）はひと晩水出しをしておく。

2 鶏頭は流水で軽く洗い、圧力鍋に入れる。加圧した状態で45分炊いたら、火を止めて15分置く。

厳選素材でつくる
ラーメンとかき氷が評判

店主の故郷である瀬戸内産のものを中心に、全国の厳選素材でつくる無化調ラーメンを提供。レモンや魚醤、スパイスといった個性的な素材や調味料を巧みに使いこなし、他では味わうことのできないセンスあふれる一杯に仕立てている。オープンしたばかりの2012年から、当初はまだ珍しかった"かき氷"の販売を開始。生フルーツを使った本格的なソースやシロップを手作りし、"かき氷を売るラーメン専門店"の先駆けとして注目を集めた。かき氷だけでなく、ラーメンの素材も季節感を大切にしているため、同じメニューでも夏と冬ではレシピや材料が異なるというこだわりぶり。「通年を通して同じ味のメニューが1つもない」という点も、徹底的に素材にこだわる同店らしい特徴といえる。

▶ 『ねいろ屋』の
鶏頭入り煮干しスープづくりの流れ

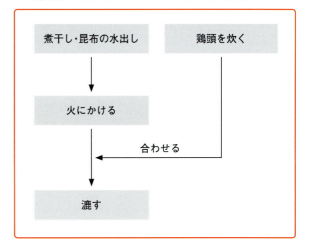

▶ 『ねいろ屋』の鶏スープづくりの流れ

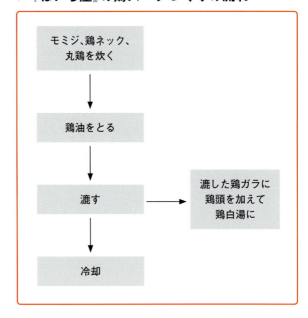

【東京・荻窪】らーめん ねいろ屋

鶏スープ

「骨の部分からは旨味のあるだしはとれない」と考えているので、肉やゼラチン質を含む部位を多用。ただし、長時間炊くと、せっかくの風味が飛んでしまうので、短時間でだしをとることを心掛けている。「洗うだけでも旨味が逃げる」ことから、下処理の際もなるべく素材は洗わない。スープは冷蔵・冷凍すると味に厚みが出る。

―――――【 材料 】―――――

モミジ（グリ、関節付きのもの）、丸鶏（オスの種鶏）、鶏のネック（せせりの部分を削いだもの）、純水

1 モミジは軽く水洗いをする。臭みがないので、下茹では必要ない。丸鶏は旨味が流れてしまわないよう極力水で洗わないように注意する。内臓は包丁でえぐり取る。なるべくだしを残したいので、丸鶏も下茹ではしない。

2 ゼラチン質が多く、味が出にくいモミジを鍋底に入れる。その上に鶏のネック、丸鶏の順番で寸胴鍋に入れ、水を張る。

3 水出ししておいた①の魚介のだし素材を強火にかけ、94℃になるまで温度を上げる。94℃になったら本枯れ厚削り節を入れ、弱火に落とす。

4 94℃をキープしながら弱火で2時間炊く。1時間経ったら②の鶏頭を加える。この時、スープを沸騰させないように注意する。

5 さらしを使ってスープを濾す。この時素材をグイグイ押しつぶさないように注意する。流水で急冷し、冷蔵庫へ。スープは翌日以降に使用する。

▶ 『ねいろ屋』の塩ダレづくりの流れ

和だし	貝だし
干し椎茸、ホタルイカ煮干し、真昆布を水出し、料理酒を入れておく	シジミ、アサリ、アコヤ貝の貝柱、亀の手を炊く
↓	↓
翌日、火にかける	2度漉す
↓	
火にかけ、詰める	
↓	
2度漉す	

→ 合わせる → 調味料を混ぜる

3 沸騰するまで強火にかける。沸いたら中火に落とし、沸騰させながら白濁しない程度に2時間炊く。

4 しばらくするとアクが浮いてくるので取り除く。この時素材に触りすぎるとスープが濁ってしまうので注意する。

5 スープの表面に鶏油が浮いてくるので、きれいに取り除く。この鶏油には臭みが付いてしまっているので単体では使わず、鶏白湯の材料として使用する。

7 流水に当てて急冷し、冷蔵庫へ。翌日以降に使用する。

6 さらしを使ってスープを濾す。

【東京・荻窪】らーめん ねいろ屋

[3] 溶けにくい塩を最初に加え、酢、イカ魚汁、白たまり醤油、梅酢も加える。

[4] アルコールを飛ばした[1]のみりんも加える。翌日以降に使用する。

塩ダレ

ホタルイカの煮干しを軸にした和だしと、亀の手（磯の甲殻類）で磯感を加えた貝だしをブレンド。それぞれ旨味の出るピークが異なるため、別どりをして後で合わせる。ホタルイカを使うのは、イカよりも分かりやすい味が出せるから。表面積が広い分、だしもとりやすい。貝だしは、乾物の貝柱を使うと高いので、冷凍の貝を大量に使って旨味を補強。貝類は凍らせると細胞が壊れてだしが出やすくなるため、すべて冷凍のものを使っている。シジミは茨城県涸沼産、亀の手は愛媛県宇和島産を使うなど、各地から厳選した素材を仕入れている。タレを完成させる際に大量のみりんを使うが、子どもが食べることも考慮し、アルコールは徹底的に飛ばしてから使用する。

――――【 材料 】――――

みりん（小笠原味醂）、和だし、貝だし、塩（土佐の海の天日塩）、酢（純米 富士酢）、イカ魚汁（能登 イカ魚醤）、白たまり醤油（足助仕込三河しろたまり）、梅酢（和歌山の南高梅農家の手作りのもの）

[1] みりんを煮切り、アルコールを完全に飛ばす。

[2] できあがったばかりの和だし（P114）と貝だし（P115）を熱いうちに合わせる。

塩ダレの和だし

―――――【 材料 】―――――
干し椎茸、ホタルイカ煮干し、真昆布、料理酒、純水

1 干し椎茸、ホタルイカ煮干し、真昆布は24時間を目安に水出しをしておく。その際、料理酒も一緒に入れ、極力アルコールも飛ばしておく。

2 落とし蓋をし、さらに鍋蓋もする。内側だけ火を付け、強火の状態でゆっくり温度を上げる。

3 沸騰したら蓋を取り、弱火に落とす。ふつふつ沸いた状態のまま1時間炊く。水分量が半量程度になったら再び蓋をして、超弱火に落とす。ギリギリ沸騰しない状態をキープしながらさらに2時間炊く。

4 強く潰しながら網で漉す。

5 さらに細かい網で漉す。

114

【東京・荻窪】らーめん ねいろ屋

鶏油

【 材料 】

鶏の内臓脂肪、純水

1. 鶏の内臓脂肪は自然解凍をしておく。溶けたら、内臓脂肪を鍋に入れ、少量の水を加えて中火にかける。水分がなくなってくると沸騰したような感じになり、油も澄んでくる。油で揚げているような状態をキープし、焼鳥の「皮」ぐらいの状態になったら引き上げる。

2. 酸化させないよう流水に充てて急冷する。冷めたら冷蔵庫で保存する。

塩ダレの貝だし

【 材料 】

シジミ、アサリ、アコヤガイの貝柱、亀の手、純水

1. シジミとアサリ、アコヤガイの貝柱、亀の手を入れて水を張る。貝類は冷凍の状態のまま使用する。

2. 沸騰するまでは強火にかけ、その後は95～98℃をキープして2時間半炊く。だしがしっかり出るよう、時々混ぜて貝の位置を入れ替える。

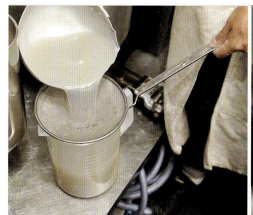

3. 火を止めて、網で漉す。さらに細かい網で漉し、砂や不純物をきれいに取り除く。

1 鶏スープを漉した後の
だし素材は、あらかじ
め木べらで潰しておく。そこ
に寸胴鍋でやわらかくした鶏
頭を入れ、合わせて潰す。

7 鶏スープを炊いた時に出る鶏油と少な目の水を足して強火に
かける。なるべく早く身を崩したいので、最初から木べらで
混ぜ続ける。沸騰したら片火に落とし、混ぜながら2時間炊く。

鶏白湯

鶏スープ（P111）をとった後のだし素材（ネック、モミジ、丸鶏）に大量の鶏頭を加えてつくる鶏白湯。丸鶏はサイズが大きく肉付きのよい九州産の種鶏、ネックはせせりの部分が削がれてはいるものの肉がたくさん残っているものを仕入れているので、2番だしでもしっかりだしがとれる。そこに、鶏頭由来のとろみや旨味を重ねて白濁させていく。ただし、「長く炊けばコクは出るが、その分素材自体の味はぼやける」という理由から、コクよりも食材の旨味に寄せた味づくりを重視。スープを乳化させすぎると素材の味が分からなくなってしまうので、火にかける時間は2時間程度に留め、"濃厚さよりも旨味の追求"という概念を大事にしている。

【 材料 】

鶏スープを漉した後のだし素材（鶏のネック、モミジ、丸鶏）、鶏頭、鶏スープを炊いた時に出る鶏油

▶ 『ねいろ屋』の鶏白湯づくりの流れ

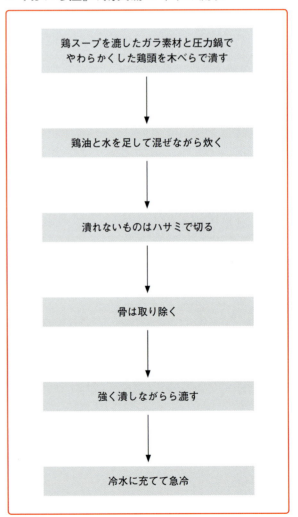

【東京・荻窪】らーめん ねいろ屋

5 強く潰しながらシノワで漉す。味をしっかり取り切りたいので、漉し終わるまで寸胴鍋の火は消さない。

6 漉し終わったスープは冷水に充てて急冷し、冷蔵庫へ。翌日以降使用する。

3 木べらで潰せないものはハサミで切り込みを入れて、身を崩しやすくする。

4 骨だけになったものは、もうだしがないので取り除く。

東京・綾瀬

陽はまたのぼる

- 住所：東京都足立区綾瀬2-1-4　■電話：03-6231-2040
- 営業時間：11時30分〜14時30分、18時〜21時 土曜日は11時30分〜14時30分
  （スープがなくなり次第終了）
- 定休日：火曜日、水曜日

■ **煮干しそば** 850円

濃厚そば(P120)に対して「淡麗」の位置づけ。片口(背黒)煮干しをメインにしながら、4種類の片口煮干しの加えるタイミングを工夫してクリアで、かつ、煮干しの旨味が詰まったスープに仕上げていく。タレは醤油ダレと塩ダレをブレンドして使い、香味油はラードで炊いた煮干し油を。豚肩ロースのチャーシューと小松菜をトッピング。麺は切り歯22番の多加水ストレート麺。

【東京・綾瀬】陽はまたのぼる

7 細かい網で漉す。このとき押えたりしない。前は絞り出していたが、押さえないことでクリアになった。漉した煮干しのガラは、濃厚スープのベースを作る寸胴鍋に投入する。

8 漉したスープの寸胴鍋は水に浸けて冷ます。この「淡麗」のほうの煮干しスープは毎日作る。夜用の「淡麗」の煮干しスープ用の煮干しは、朝から水出しを開始する。水道水のほうがだしが出るので水は、水道水を。

4 寸胴鍋に10cmサイズの少し上質の片口(背黒)煮干しとアゴ煮干しを入れる。アゴ煮干しは形のいいものを選ぶ。この寸胴鍋に網をのせて3のスープを漉す。漉した煮干しのガラは濃厚スープのベースを作る寸胴鍋に投入する。

5 漉したスープに追い煮干しをした4の寸胴鍋は弱火にかけ、炙ったイカ煮干しを加える。

6 仕上げに、大きいサイズの片口煮干しを4尾追加して火を止める。

段階的に片口煮干しの種類を変えて炊き、旨味を強く

片口(背黒)煮干しをメインに使うが、焼けていないもの、少し焼けているもの、焼けたものやサイズの大きいものなど、種類を多く使い、加えるタイミングも変え、煮干しの旨味の強いスープに仕上げる。また、混ぜたり、漉すときに押したりせず、クリアな風味も大切にする。60杯分の煮干しスープを取るのに約6.2kgの煮干しを使う。

「煮干しそば」のスープ

【 材料 】

片口(背黒)煮干し4種類、アゴ煮干し、イカ煮干し、片口(背黒)煮干し(大サイズ)

1 6時間以上水出しすると風味が落ちるので、朝仕込み、昼の営業から使う煮干しスープは水出ししないで炊く。焼けていないもの、少し焼けているもの、焼けているものの3種類の千葉産片口(背黒)煮干しを炊く。

2 最初は強火で、沸いてきたら途中で中火に落とす。香りを見て、火を止めて余熱で炊く。

3 30分ほどして煮干しが沈んだら、漉す。

■ 濃厚そば 900円 ＋厚切り豚（1枚）200円

煮干しそばとの「歴然とした差」を意識したという濃厚そば。動物系スープに煮干しを足して炊いたベースを作って置き、さらに追い煮干しをして仕上げる。煮干しの苦味はほどよく、塩分は高めだが、かすかな甘みも感じる、煮干しの旨味の固まりのようなスープをイメージして作っている。麺は、切り歯20番の低加水のストレート。豚バラ肉のチャーシューは、厚切りが旨いので別売りで、注文ごとに切って提供している。

煮干し油と醤油ダレ

煮干しそば、濃厚そばに合わせる煮干し油は、ラードで片口（白口）を炊いて作るもの。塩煮干しそば用の煮干し油は白絞油で作る。醤油ダレは、2種類の醤油に煮干し、節類、イカ煮干し、干し椎茸を合わる。この醤油ダレと塩ダレをブレンドして、煮干しそばと濃厚そばのタレに使っている。

【東京・綾瀬】陽はまたのぼる

■ 塩煮干しそば 850円

昆布、干し椎茸、煮干し、節類のだしを合わせた塩ダレと、煮干しそばと同じスープ・麺で作る塩煮干しそば。香味油は、白絞油で作る煮干し油に大葉を合わせたしそ煮干し油で、爽やかな風味で醤油ダレを使う煮干しそばとは印象が大きく変わる。香りが立つよう、スープと麺を合わせた後に上からかける。花穂紫蘇もあしらう。

塩ダレ

3種類の塩に、昆布、干し椎茸、煮干し2種類、節類2種類を合わせて作る。

野菜は加えずに、鶏ガラと豚骨と煮干しでベースを!

動物系スープに、煮干しそばのスープで炊いて漉した煮干しを加えてベースを作っておき、それに追い煮干しをして濃厚そば用のスープを仕上げる。動物系スープは100杯分で、モミジが一番多く15kg、鶏胴ガラと背ガラは各10kg、鶏油3kgを炊き、ここに煮干しのガラは14kgほども合わせる。

「濃厚そば」のスープのベース

――― 【 材料 】 ―――

鶏胴ガラ、モミジ、豚背ガラ、鶏油、煮干しそばのスープの煮干しガラ、濃厚そばのスープの煮干しガラ、煮干し油のガラ

1 モミジ、鶏胴ガラ、豚背ガラ、鶏油を炊く。硬いものを寸胴鍋の下に入れて水を張って点火する。野菜は加えない。

2 煮干しそば用のスープを漉したときの煮干しのガラを加えて炊き続ける。

3 濃厚そばのスープの仕上げに加えた煮干しを漉して、これも加える。

4 夜用の煮干しそばのスープを漉したときの煮干しのガラ、煮干し油を作るときに漉した煮干しのガラを加えて炊く。香りと味を見ながら、強く混ぜたり、つぶしたり調整をする。

5 表面に出てくる油の色がグレーになってきたら、味が出てきた目安で、漉す作業に入る。

6 網で漉し、網の上にたまったガラは鍋の底を当てて押して漉す。

7 漉したものは冷水に当てて冷まし、冷凍庫に移す。このベースは2日に1回仕込んでいる。

【東京・綾瀬】陽はまたのぼる

追い煮干しをして煮干し感を強調!

濃厚そばのスープのベースは、冷凍庫から出すと固まっているので、火にかけて溶かし、そこに追い煮干しをして煮干し風味を立たせる。仕上げは伊吹イリコを加え、やさしい煮干しの風味をまとわせる。

「濃厚そば」のスープ

―――【 材料 】―――

「濃厚そば」のスープのベース、片口(背黒)3種類、アゴ煮干し、片口(白口)煮干し

麺

濃厚そば用の麺(写真)は、低加水の切り歯20番のストレート麺。煮干しそば用は、加水高めの切り歯22番のストレート麺を合わせている。和え玉として、ラードで炊いた煮干し油と醤油ダレ、塩ダレで和えても提供している。

3 網で漉す。鍋の底で押して漉す。漉した煮干しのガラは、濃厚そばのスープのベースを作る寸胴鍋に入れる。

4 もう一度、目の細かい網で漉して完成。1日分、約50杯を用意する。

1 濃厚そばのスープのベースを火にかけ、溶けたら、片口(背黒)煮干し3種類、アゴ煮干しを加えて炊く。アゴ煮干しは形のいいのは煮干しそば用のスープに使い、砕けたものは濃厚そば用に使っている。

2 香りが立ってきたら、片口(白口)煮干しを加え、火を弱めて10〜15分炊いて火を止める。

バラチャーシュー

【 材料 】

豚バラ肉、醤油2種類、砂糖

炊いた豚バラ肉を醤油と砂糖のタレに漬ける。豚バラチャーシューは、厚切りが旨いので、厚切りだけで別売りし、注文ごとに切って提供している。

レアチャーシュー

【 材料 】

豚肩ロース、醤油2種類、砂糖

醤油と砂糖のタレを70℃まで熱して、そこに豚肩ロースを入れる。落とし蓋をし、55℃をキープして6時間ほど炊いて取り出す。タレに水を加えていたこともあるが、味をのせるためにやめた。豚肩ロースのチャーシューは、全てのラーメンにトッピングするので、作業上、営業前にまとめて切り置きする。

塩と冷やし用には大葉風味の香味油

濃厚そば、醤油ダレ用には、ラードで炊く煮干し油を合わせるが、塩煮干しそば、冷やしそばには、植物油で炊いた煮干し油に大葉のみじん切りを合わせた、しそ煮干し油を香味油として合わせる。香りが立つよう、スープと麺を合わせた後に上からかける。

しそ煮干し油

【 材料 】

白絞油、片口（白口）煮干し、大葉

1 白絞油を熱し、中火から弱火の火加減で煮干しを炊いて煮干しの風味を油に移す。

2 大葉をみじん切りにする。容器に入れて、1の熱々の煮干し油を漉しながら大葉にかける。漉した煮干しのガラは、濃厚そばのスープのベースを炊く寸胴鍋に投入する。

愛知・名古屋

麺家 獅子丸

- 住所:愛知県名古屋市中区亀島2-1-1 東海道新幹線 清正公高架下
- 電話:052-453-0440
- 営業時間:月曜日～土曜日 11時～14時30分、17時30分～22時（L.O.21時45分）
  日曜日・祝日は11時～14時30分、17時～21時15分（L.O.21時）年中無休

■ 煮干し醤油らぁめん 850円

アゴ、片口（白口）、アジの煮干しは、雑味のないバランスを重視し、そこに羅臼昆布の旨味とウルメ節とサバ節、ムロアジ節を合わせて風味を良くしたのがスープの特徴。醤油ダレは豚バラチャーシューを漬けるタレを活用。香味油は煮干し油を。さらに、昆布=グルタミン酸、煮干し=イノシン酸との旨味の相乗効果を出すために、グアニル酸=ポルチーニの自家製デュクセルをトッピング。デュクセルをスープに溶かすと、芳醇な香りが広がり、華やかに変化する。チャーシューは、真空低温調理した鶏ムネ肉と豚肩ロース。

■ 獅子丸ぱいたん らぁめん 820円 ＋ ぜいたく盛り 480円

圧力寸胴鍋で炊いた鶏ガラ主体の白湯と煮干しスープを2対1で手鍋で合わせて温め、ハンドブレンダーで泡立てて丼に注ぐ。煮干しスープが配合されているだけでなく、細かい泡立ちでマイルドな白湯に仕上げた。醤油ダレと麺は、煮干し醤油らぁめんと同じ。自家製麺で、中細・平打ちの国産全粒粉入りの麺。「ぜいたく盛り」は、ローストビーフ、豚角煮、味付け玉子と季節の一品が付くセットで、日に60セットは出る。季節の一品は、撮影日は、とうもろこしのブラマンジュ。

【愛知・名古屋】麺家 獅子丸

旨味、香り、甘みのバランスを重視

片口煮干し（白口）だけで作って、量を多くしたり大きな煮干しを使ったこともあるが、苦味や雑味を抑えて、旨味、甘み、香りのバランスを重視して小ぶりの煮干しを選ぶようにし、現在の作り方に変えた。撮影時は、アジと片口の煮干しは瀬戸内産。アゴ煮干しとウルメ節は長崎産。サバ節とムロアジ節は枕崎産。節類は、香りを補てんするイメージで加えている。煮干しスープは、白湯と1対2で合わせて「獅子丸ぱいたん　らぁめん」のスープにも使っている。

煮干しスープ

【 材料 】

アゴ煮干し、片口煮干し（白口）、アジ煮干し、羅臼昆布、ウルメ節、サバとムロアジの混合節

1 羅臼昆布、アゴ煮干し、片口煮干し、アジ煮干しは前日から水出しし、翌朝、火にかける。水10ℓに対してアゴ煮干しと片口煮干しは各150g、アジ煮干しは100g。羅臼昆布は黒羅3等級の上質で厚みのあるものを使用。

2 点火し、湯温が60℃になったら昆布を取り出す。取り出した昆布は、豚肩ロースのチャーシューに巻いて真空低温調理するのに活用する。

3 湯温が90℃になったら、ウルメ節と、サバとムロアジの混合節を加える。ウルメ節と混合節は15分ほど水に浸しておいたものを加える。

4 90℃をキープして15分ほど炊いてから漉す。網に木綿布を敷いて漉す。強くは押さないでやさしく押して漉し、冷やす。

煮干し油

香味油として使用。サラダ油で、煮干し粉、サバ節粉、アゴ煮干し粉を炊く。120℃で60分ほど炊く。

127

豚肩ロースチャーシュー

豚肩ロースは、塩・胡椒をして煮干しスープで使った羅臼昆布を巻いて真空包装してマリネする。これをスチコンのスチームモード、64℃で10時間加熱する。取り出して肉の表面に焼き色を付けて完成。

青森産ニンニク入りペッパーオイル

白湯の味変用に卓上調味料として置いている。オリーブオイルとサラダ油を配合した油で青森産のニンニクと黒胡椒をじっくり炊いたもの。少量加えただけで、白湯のコクと香味が変わる。

コンフィのようなしっとり仕上がり

鶏ムネ肉は、香りのいいエキストラ・ヴァージン・オリーブオイルとハーブと真空包装にかけてマリネしてからスチコンで低温調理する。しっとりした仕上がりで、鶏白湯や煮干しスープにアクセントを添える役割もする。

鶏チャーシュー

【 材料 】

鶏ムネ肉、EXV.オリーブオイル、ローズマリー、バジル、オレガノ、塩、胡椒

1 オリーブオイルとハーブと塩・胡椒と鶏ムネ肉を真空包装し、2日置いてマリネする。

2 スチコンのスチームモード、61℃で6時間加熱し、スチコンから出したら流水で急冷して冷蔵する。

野菜の甘みと魚介の風味もプラス!

鶏白湯は、圧力寸胴鍋を活用して短時間で完成させている。途中で圧力を抜いて野菜と乾物を加えて再度炊き、2段階で作る。サバ節、片口煮干し、アゴ煮干しも加えることで、さっぱりした風味の白湯にし、合わせて使う煮干しスープとの相性を高めている。

鶏白湯

【 材料 】

鶏胴ガラ、モミジ、豚背ガラ、背脂、キャベツ、じゃがいも、ニンニク、生姜、サバ節、片口煮干し、アゴ煮干し

1 鶏胴ガラ、モミジ、豚背ガラ、背脂を圧力がかかってから20分炊き、圧力を抜いて野菜と乾物を入れて、再度火にかけ、圧力がかかってから20分炊いて漉す。

2 漉したらすぐに冷水で冷まして冷蔵する。

【愛知・名古屋】麺家 獅子丸

煮干し、昆布、デュクセルで旨味の相乗効果を高める!

旨味成分は、組み合わさることで相乗効果が出て、旨味が何倍にも強くなることに着目し、煮干し＝イノシン酸、昆布＝グルタミン酸と合わせるキノコの旨味＝グアニル酸のデュクセル（ペースト）を作り、煮干しラーメンのトッピングにしている。キノコは干し椎茸で試したこともあるが、香りのクセが強いのでポルチーニとマッシュルームを選択。ポルチーニは冷凍のものと乾燥のものを組み合わせて風味に奥行きを出した。

デュクセル

【 材料 】

オリーブオイル、ニンニク、玉ねぎ、冷凍ポルチーニ、乾燥ポルチーニ、ブラウンマッシュルーム、しめじ、塩、胡椒

1　オリーブオイルを熱し、ニンニクを炒めて香りを立たせる。続いて玉ねぎを加えて炒める。

2　冷凍ポルチーニの角切り、ブラウンマッシュルーム、しめじの粗みじん切りを加えて炒める。

3　キノコから水分が出てくるので、それを飛ばすようにじっくりと炒める。

4　15分ほど水で戻した乾燥ポルチーニを戻し汁ごと加えて炒める。

5　水分を飛ばすように炒めて、塩、胡椒で味付けする。

6　粗熱を取ってからミキサーにかける。冷蔵庫で保存する。

長野・松本

煮干しらぁめん 燕黒(つばくろ)

- 住所：長野県松本市倭2659-1
- 電話：0263-78-2915
- 営業時間：11時30分～15時、17時～22時LO
- 定休日：木曜日、第1水曜日

■ **燕黒らあめん** 695円（税別）

背脂をふった燕三条系ラーメン。「雑味やえぐみがあった方が味の"フック"になる」という考えから、煮干しのワタはあえて取らず、ふつふつと沸かしながら煮干しの旨味と雑味を抽出している。反対に、ベースとなる動物スープは丁寧にアクをとり、クリアな味わいに。こうすることで煮干しの味が一層引き立つという。スープはあっさり、背脂の量でこってり度を加減してもらうスタイル。大脂（背脂2倍）や鬼脂（背脂5倍）にも対応している。

【長野・松本】煮干しらぁめん 燕黒

■ 極にぼしぼり 787円（税別）

「燕黒らあめん」のスープを活用して生み出した青森風の煮干しラーメン。長時間炊くのではなく、スープと煮干しを一気に撹拌することで、パンチの効いた味わいを引き出している。さらに、ラードと乳化させることで食べやすさも体現。インパクトはあるが、食べ手を選ばない味わいを目指した。麺はパツンとした食感の細ストレート麺（切り歯22番）。片口煮干し粉をスープで溶いた煮干しペーストを溶かすと、より力強い味わいに変わる。

燕三条系の背脂煮干しラーメンと青森系の煮干しラーメンを展開

看板の「燕黒らあめん」は燕三条系の背脂煮干しラーメン。煮干しを使う特性上、翌日までスープを持ち越せないため、その日のうちにいかに使い切るかを徹底している。原価が上がりがちな燕三条系の店でありながら、ロスを極力抑えることで、店全体の原価率を31%に抑えているという。さらに、仕込みで使った材料をそのまま有効活用し、青森風の煮干しラーメン「極にぼしぼり」も展開。利益アップにうまくつなげた。

燕黒らあめんのスープ

【 材料 】

ゲンコツ、背ガラ、豚バラ肉（チャーシュー用）、玉ねぎ、じゃがいも、生姜、片口煮干し、ウルメ煮干し、日高昆布

1 ゲンコツと背ガラをAの寸胴鍋に入れ、湯を加えて両火全開の強火で炊く。強火でグラグラ炊き続けるスープではないため、だしの出やすさを考え、縦割りカットのゲンコツを使っている。

2 しばらくするとアクが出てくるので、黒いものも白いものもきれいに取り除く。煮干しの風味を引き立たせるため、動物スープは雑味のないきれいな味に仕立てることを心がけている。

3 沸騰したら、チャーシュー用の豚バラ肉を入れ、骨類と共にスープの中で3時間煮る。冷凍肉を入れると温度が下がるため、火加減はそのまま強火の状態をキープする。沸騰するとまた表面にアクが浮かんでくるので、再びきれいに取り除く。

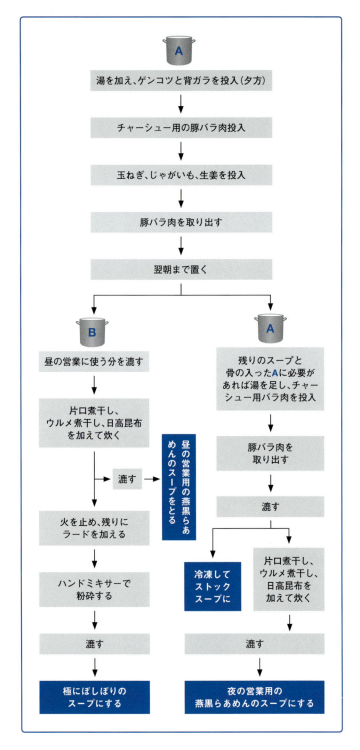

132

【長野・松本】煮干しらあめん 燕黒

4 アクをとったら、カットした玉ねぎ、スライスしたじゃがいも、生姜を加える。再び沸騰してきたら外火を消し、内火のみ全開にして火にかける。途中、出てきたアクは、こまめにすくい取る。

5 ③の状態から3時間経ったところで、チャーシュー用の豚バラ肉を抜く。肉を抜いてからさらに1時間、内火全開の状態で火にかける。その後は火を消し、蓋を閉めない状態でひと晩置く。

7 Bの豚骨スープも両火全開の強火にかけ、2種類の煮干しと日高昆布を加える。沸騰したら外火を消し、内火は中火に落とす。その後は、ふつふつと沸かしながら、2時間炊く。

9 ⑦の状態から2時間経ったら、Bの豚骨スープを濾して、昼営業用に必要な分のスープをとる（「極にぼし」のスープをとる場合は、残ったスープと煮干し類を使用）。営業中、スープは弱火で保温し、そのまま丼に移して使用する。

6 ひと晩置いたAの豚骨スープを両火全開の強火にかける。昼営業で使う分のスープ（「極にぼし」のスープをとる場合はその分の量もプラス）をシノワで濾し、Bの寸胴鍋に移し入れる。

10 ⑧の状態から3時間経ったら、Aの豚骨スープからチャーシュー用の豚バラ肉を抜く。さらにスープを濾して、夜営業用のスープをとる。寸胴鍋に残ったAの豚骨スープは、粗熱を取って冷凍庫で保存し、休み明け用のストックスープとして使用する。夜の営業スタートと同時に、また⑦の工程から繰り返す。

8 半量程度の豚骨スープと骨が残ったAの寸胴鍋に必要に応じて湯を足し、両火全開の強火にかける。湯を足すかどうかはスープの状態を見て判断。スープが沸いたら、チャーシュー用の豚バラ肉を入れる。再びスープが沸騰してきたら、外火を消し、内火を全開にして3時間炊く。

太さの異なる3種類の混合麺

切り歯10番、14番、18番の麺が均等のバランスで入った乱切り麺。加水率は35〜37%。コシをメインにした作りなのでつけ麺にも向くが、細麺がダマになってしまうため、あつもりには対応していない。

乱切り麺

【 材料 】

薄力粉（内麦粉）、強力粉（外麦粉）、粉末かん水、水、塩、クチナシ粉

1 薄力粉と強力粉を計量し、軽くミキシングをしておく。

2 あらかじめ水で溶かし、冷やしておいた粉末かん水に、塩とクチナシ粉を加えて撹拌する。

3 撹拌が済んだら、スープをシノワで漉す。えぐみが出てしまうので、煮干しを強く押しつぶすようなことはしない。

4 完成したスープは冷蔵庫で保存。火にかけ続けると劣化してしまうので、注文が入るごとに冷蔵庫から出し、手鍋で温めて使用する。

極にぼしぼりのスープ

【 材料 】

煮干し入りの**B**の豚骨スープ、ラード

1 「燕黒らあめん」の**B**の豚骨スープの仕込み工程[9]で昼営業分のスープをとったら、火を止めて、**B**の寸胴鍋に液体のラードを加える。

2 煮干しが入ったままの**B**の豚骨スープをミキサーにかけ、身がボロボロになるまで撹拌する。ただし、あまり混ぜすぎるとえぐみが出てしまうので注意。銀色のうろこが落ちるぐらいを目安とする。

134

【長野・松本】煮干しらあめん 燕黒

9　麺箱に入れて冷蔵庫へ。切り出し後はすぐに使うことができる。右が乱切り麺、左は「極にぼ搾り」用の細麺。

醤油ダレ

「燕黒らあめん」と「極にぼしぼり」で使っている醤油ダレ。だし素材などは使わず、濃口、淡口など3種類の醤油だけをブレンドして醤油感を強調した味わいに仕立てている。背脂を入れるとスープが丸くなることを想定し、醤油はあえて雑味のあるものをセレクト。水は使わず、塩分は粗塩で調整する。これにチャーシュー肉を漬けることで豚肉の旨味を移している。ただし、タレが薄まるのを防ぐため、古い醤油ダレに都度新しいタレを継ぎ足し。毎回それを半分に分けて使うことで、ブレを抑えている。

6　麺帯がくっつかないよう、でんぷんで打ち粉をしながら圧延を1回行う。

7　できあがった麺帯にビニールをかけ、状態を見ながら、15分～1時間程度休ませる。

8　圧延をしながら、乱切り麺用の特注切り歯で切り出す。

3　製麺機に[2]を入れ、3分間ミキシングを行う。3分経ったら蓋を開け、内壁に付いた生地を落とし、さらに8分ミキシングを行う。

4　バラがけをし、6mm厚の粗麺帯を作る。

5　複合作業を1回行う。

135

チャーシュー

【 材料 】

豚バラ肉、継ぎ足してきた醤油ダレ（濃口・薄口など3種類の醤油、粗塩、三温糖）

1. 「燕黒らあめん」用の豚骨スープで、3時間煮る。沸騰するまでは両火全開の強火、沸騰してからは外火を消し、内火全開にする。

2. スープから抜いたら、熱い状態のままラーメン用の醤油ダレに漬ける。

3. 3時間漬けたらバラ肉を抜き、粗熱をとる。冷めたらラップに包んで冷蔵庫でひと晩以上寝かせる。提供前に、さっと湯にくぐらせ、軽く温めてから使用する。

背脂

【 材料 】

背脂

1. 圧力鍋に湯を張り、凍ったまま背脂を入れる。スープで炊くと背脂に味が移ってしまうので、同店では、別鍋を使用。安い背脂は臭みが強いため、A脂の一番よいものを使っている。

2. 沸騰するまでは両火全開の強火にかける。沸いたら外火を消し、内火を中火に落として圧力状態で1時間茹でる。茹であがった背脂を、テボとレードルを使ってクラッシュする。圧力鍋に残った液体のラードは香味油などに利用する。

メンマ

【 材料 】

塩漬けメンマ、湯、みりん、濃口醤油

1. ひと晩かけて塩漬けメンマの塩抜きを行う。翌朝、メンマを湯で洗い、仕上げの塩抜きを行う。

2. 湯を張った圧力鍋にメンマとみりん、濃口醤油を加え、両火を全開にして強火にかける。沸騰したら外火は消し、内火を弱火に落として圧力状態で1時間煮る。

3. 粗熱がとれたらキッチンペーパーで落としぶたをしてさらに冷ます。

4. 粗熱がとれたら小分けして冷蔵庫で保存。すぐに使うこともできる。味付けは、主張しすぎないよう、最小限に留めている。

埼玉・幸手

煮干しラーメンと
ローストビーフ
パリ橋 幸手店

- 住所：埼玉県幸手市中1-6-17
- 電話：070-4012-0365
- 営業時間：11時～15時、18時～23時
- 定休日：木曜日

■ 煮干しラーメン（青） 600円

煮干しラーメンは「青」と「白」に分け、「青」は煮干しの香りが強いバージョンで、「白」は煮干しの旨味の強いバージョン。それぞれ別の寸胴鍋でスープを取っている。煮干しの風味の鮮度を重視し、スープも煮干し油も、その日作ったものを使い切るやり方をしている。煮干しが苦手な人でも「青」のほうを食べられるよう意識している。麺は、加水高めの中細ちぢれ玉子麺。茹で時間は1分30秒ほどで、少し固めにあげている。豚肩ロースを塩とローズマリーでマリネして低温調理したローストポークをトッピングする。

■ 煮干しラーメン(白) 600円 ＋ローストビーフ丼(小) 300円

「白」のスープは、片口(白口)煮干しを多めに使って作り、煮干しのインパクトより旨味を感じる仕上がりに。香味油は毎朝炊いて作る煮干し油。表面全体に広がるくらいスープの上に加え、この煮干し油の風味をひと口目に感じてもらうようにしている。お客のほとんどが、ローストビーフ丼を一緒に注文する。USビーフの内モモ肉のローストビーフで、「小」で50gのる。通常はガーリックバターソースをかけるが、夏はおろしポン酢ジュレ(写真)をかけたり、また、日によってステーキや牛タンなどの特別メニューを出す日もあり、ツイッターで呼びかけている。

【埼玉・幸手】煮干しラーメンとローストビーフ パリ橋

煮干し油

サラダ油で、平子煮干し、片口(白口)煮干し、昆布を炊いて作る。煮干しの風味が飛ぶので、その日作ったものを使い、その日に使い切る。この煮干し油の印象がひと口目にくるよう、スープの表面全体に広がるくらい丼に加えている。

「煮干しラーメン(青)」のスープ

平子煮干し、片口(白口)煮干し、昆布、サバ節粉を炊いて作る。「青」は平子煮干しのほうを多めに使う。前日から水出ししてから炊いていたが、味がぶれるので、今は低温で朝から炊いて作っている。その日作ったスープは、その日使い切る。営業中も何度か味見し、煮干しを追加したりして、風味を保つようにしている。初めてのお客は「青」のほうを注文する人が多いので、「青」のほうのスープを「白」より多めに仕込んでいる。

醤油ダレ

フレッシュな煮干しのスープと煮干し油の旨味を強調したいので、醤油ダレには煮干しや節類は加えていない。醤油に昆布、干ししいたけ、ねぎ、ニンニクを合わせて醤油ダレにしている。

「煮干しラーメン(白)」のスープ

平子煮干し、片口(白口)煮干し、昆布を炊いて作る。「白」は、サバ節粉を加えないのと、片口(白口)煮干しのほうを多めに使う。水出しはせず、毎朝、弱火で炊くのは「青」のスープと同様。撮影時の平子煮干しは千葉産、片口(白口)煮干しは広島産。

東京・原宿

Noodle Stand Tokyo

ヌードル スタンド トーキョウ

- 住所：東京都渋谷区神宮前1-21-15 ナポレ原宿B1
- 営業時間：11時〜16時、18時〜21時 土曜日・日曜日・祝日は11時〜21時
- 定休日：不定休

■ KUROSHIO 煮干ラーメン（醤油）870円

スープはゲンコツ、鶏ガラなどでとる動物系スープと、千葉産片口煮干し、瀬戸内産片口煮干し（白口）、千葉産平子煮干しの煮干しスープを1対2の割合で合わせて作る。香味油、千葉産の天然醸造醤油を使った醤油ダレで味を構成し、上に千葉産豚肩ロースのチャーシューをトッピング。「同じ土地のものを使うと相性がよい」という店主・西巻 剛氏の考えで、千葉産を中心とした国産食材を使用する。

■ 特製背脂KUROSHIO 煮干ラーメン（塩） 1170円

「KUROSHIO煮干ラーメン」と同様のスープを使うが、背脂を加えパンチのある1杯に。背脂はガツンと来る油感に加え、豚の香りがプラスされ風味がよくなる。トッピングはチャーシュー、小松菜、長ねぎ、万能ねぎ、メンマ、煮卵、海苔、竹炭を練り込んだ黒ナルト。煮卵の煮汁は醤油ダレやチャーシューダレと変え、甘めに仕上げる。

旨味と甘味を持つ煮干し3種を配合

旨味の強い千葉産の平子煮干しと片口煮干し、上品な甘味を持つ瀬戸内海産の片口煮干し（白口）をブレンドすることで、複雑さを表現。煮干しの状態によっても変わるが、3種はほぼ同量で配合する。

煮干しスープ

【 材料 】

平子煮干し、片口煮干し（白口）、片口煮干し、πウォーター

1 平子煮干し、片口煮干し（白口）、片口煮干しを寸胴鍋に入れる。ひたひたになる程度の水（πウォーター）を加え、ひと晩水出しする。

2 水と①のゲンコツを圧力鍋に入れる。ふたをして火にかけ、加圧がかかってから1時間炊く。

3 圧力を落としたら、下茹でして臭みを取ったモミジ、半日水につけ血抜きした鶏ガラ、玉ねぎローストを加え、ふたをする。加圧がかかってから1時間炊く。

4 火を止め、2時間かけて圧力を落としたらふたを開ける。強火にかけながら、底が焦げないよう木べらで30分〜1時間混ぜながら炊いて完成。

動物の濃縮エキスを圧力鍋で短時間で抽出

煮干しスープに奥行きを出すため、ゲンコツ、鶏ガラ、モミジの濃縮スープを合わせる。ゲンコツを最も多く使い、圧力鍋で時間を短縮して炊く。骨髄の旨味までを抽出するよう、仕上げは混ぜながら白濁させる。

動物系スープ

【 材料 】

ゲンコツ、鶏ガラ、モミジ、玉ねぎ

1 ゲンコツは水とともに火にかけ、沸騰させた後、湯を捨てる。流水でゲンコツについた血の塊をキレイに洗い流す。

【東京・原宿】Noodle Stand Tokyo

脂少なめの肩ロースを圧力鍋で炊く

赤身と脂身のバランスがよい千葉産の豚と、継ぎ足しの醤油ダレを使用。圧力鍋を使うことで、より柔らかなチャーシューに仕上がる。また、炊き続けることで生じる煮詰まった醤油の苦味や、豚肉の煮崩れを防止にも。

豚肩ロースチャーシュー

【 材料 】

豚肩ロース、醤油ダレ、ねぎ青葉

2 圧力鍋に**1**と継ぎ足しの醤油ダレ（醤油、日本酒、みりん、砂糖、生姜、ニンニク）、ねぎの青い部分を入れふたをし、加圧がかかってから40分炊く。

3 火を止め圧力を落とし、そのままひと晩置く。しっとり、やわらかい仕上がりにする

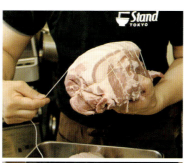

1 豚肩ロースは煮崩れしないよう、タコ糸でしっかりと縛る。

2 翌朝**1**を弱火にかけ、15〜20分炊く。この際、沸騰しないよう火加減に注意する。

3 シノワで漉す。崩れた煮干しからはエグミが出るため、押さえず、崩さないよう自然にスープを落とす。

香味油

クセが少ない米油にニンニク、生姜、玉ねぎの香りを移した香味油。国産米ぬかで作られる米油は栄養価が高いため、ヘルシー志向のお客に語れるストーリーにも。パンチを求めるお客向けには、圧力鍋で炊いた背脂も揃える。

麺

東京・浅草の「浅草開化楼」の中太麺を採用。加水率は高めで麺が伸びにくく、歯応えとコシのあるものをセレクトした。1人前150g量を使用。茹で時間は2分〜2分半と固めに茹で、食べ応えのある食感を提案する。

醤油ダレ

千葉・富津にある㈲宮醤油店で作られる、木桶で1年熟成させた天然醸造「たまさ醤油」を使用。香りが豊かで、旨味が強いこの醤油にみりん、日本酒、砂糖に宗田節、サバ節を加え、沸騰しないよう弱火にかけて作る。

塩ダレ

ベースは国産海塩、フランス産ゲランドの塩、秋田産しょっつる（タラの魚醤）と3種類の塩味をブレンド。これに、水出しした昆布と干し椎茸のだしを合わせ、旨味成分を補う。

ローカーボ麺

ヘルシー志向客や女性客、外国人客向けに「浅草開化楼」へ開発を依頼した、オリジナル低糖質麺。従来麺と比べ、糖質を35％もカットしている。ツルッと舌触りのよさに、小麦のふすまを加えることで、高い香りを表現した。茹で時間は3分半。プラス100円でローカーボ麺に変更できるようにしている。

冷やし麺 202

名店・繁盛店のヒットメニューが大集合！
激売れ「冷やし麺」24品

おいしさのテクニック&レシピを公開！
大人気「冷やし麺」54品

新しい味づくり&アイデアが広がる！
「冷やし麺」バリエーション 124品

■定価：本体2500円＋税　　■A4変型判　カラー 160ページ

お申し込みはお早めに！　旭屋出版　｜　https://www.asahiya-jp.com

東京・新橋

煮干麺 月と鼈

- 住所：東京都港区新橋3-14-6駒場ビル1F
- 電話：03-3433-8103
- 営業時間：11時30分～16時、18時～22時 土曜日・祝日は11時45分～16時、18時～22時
- 定休日：日曜日

■ 濃厚煮干そば 880円

「濃厚」のほうでも、煮干しが苦手な人も食べられるよう、エグミを出さないようにしている。豚骨ベースの煮干しスープと鶏ガラベースの煮干しスープを手鍋に入れて、そこに煮干しペーストと濃口醤油と油を混ぜた濃厚煮干そば用のタレを合わせて沸かして濃度の高いスープにする。香味油はサラダ油で作る煮干オイル。細めの中太ストレートのモチっとした麺。豚肩ロースとバラ肉のチャーシュー、メンマ、白髪ねぎ、三つ葉をトッピング。

【東京・新橋】煮干麺 月と鼈

■ 煮干そば 800円

鶏ガラをメインにしたスープに煮干しを加えて作るスープに醤油ダレを合わせる。醤油ダレは、天然醸造醤油の他2種類の醤油を合わせたもので、煮干しや節類は加えていない。香味油の煮干オイルは、ゆっくりとサラダ油で炊いて煮干しの風味を引き出したもの。煮干しは片口(背黒)煮干しのみ。「イワシらしさ」を出せる7cm前後のサイズを選んで使っている。麺は、濃厚煮干そばと同じ。

煮干そば用のスープ

鶏ガラをメインに、モミジ、ゲンコツと野菜を白濁させないように炊いて漉し、そこに煮干しを合わせて作る。煮干しの苦味やエグミは出さないようにしている。

■ 濃厚煮干つけ麺（大盛）880円

煮干ベースに海鮮だしのアクセントを加え、数種類の砂糖、醤油で作るタレに、豚骨ベースのスープ、鶏ガラベースのスープを合わせ、濃厚つけ麺用の煮干オイルを入れてつけ汁にする。つけ汁の中には、メンマ、玉ねぎ粗みじん、チャーシュー角切りを入れる。濃厚煮干つけ麺の煮干オイルは、煮干しを粉砕して仕上げて濃度と風味を高めたもの。麺は中太ストレートで、茹で時間は8分。並盛は200g、大盛は300gで料金は同じに。

濃厚つけ麺用の煮干オイル

サラダ油で炊いた煮干しを粉砕して濃度と風味を高めた煮干オイルをつけ汁に香味油として加える。

【東京・新橋】煮干麺 月と鼈

煮干オイル

煮干そばの香味油に使う煮干オイルは、サラダ油で片口(背黒)煮干しをゆっくり、弱火で7時間ほど炊いて漉したもの。煮干しのエグミ、苦味を出さないよう、火加減に注意して炊く。

麺

細めの中太ストレート麺。加水は中程度で、モチモチした食感が特徴。茹で時間は1分40秒ほどで、少し固めにあげている。

「煮干そば」の醤油ダレ

かめびし(香川)の三年醸造醤油と他2種類の醤油を合わせて醤油ダレにする。醤油ダレに煮干しや節類の風味は加えないで作っている。

「濃厚煮干そば」の醤油ダレ

煮干しペーストと濃口醤油とサラダ油で作る濃度の高い醤油ダレを濃厚煮干そばに使う。火にかけないで作り、そのため醤油のカドが少し残っているので、手鍋でスープと合わせて沸かしてから丼に注いでいる。

「煮干そば」のスープ

鶏ガラをメインに、モミジ、ゲンコツ、玉ねぎ、ニンニク、ねぎ、生姜を炊く。白濁させて動物系の風味が強く出ないように火加減を弱めて炊く。漉して煮干しと合わせて休ませてから追い炊きして仕上げる。煮干しは片口(是黒)煮干だけを使う。7cm前後の一定のサイズのものを使うようにして風味が安定するようにしている。また、煮干しの苦手な人でも食べやられるよう、エグミを出さないように煮干しを炊く火加減に注意している。

煮干しの知識

煮干しラーメンのスープ、タレに使われる煮干しの種類や、煮干し同様に魚貝のだしの風味を醸す乾物や節類の基礎知識を解説。

資料提供 **株式会社マルサヤ**

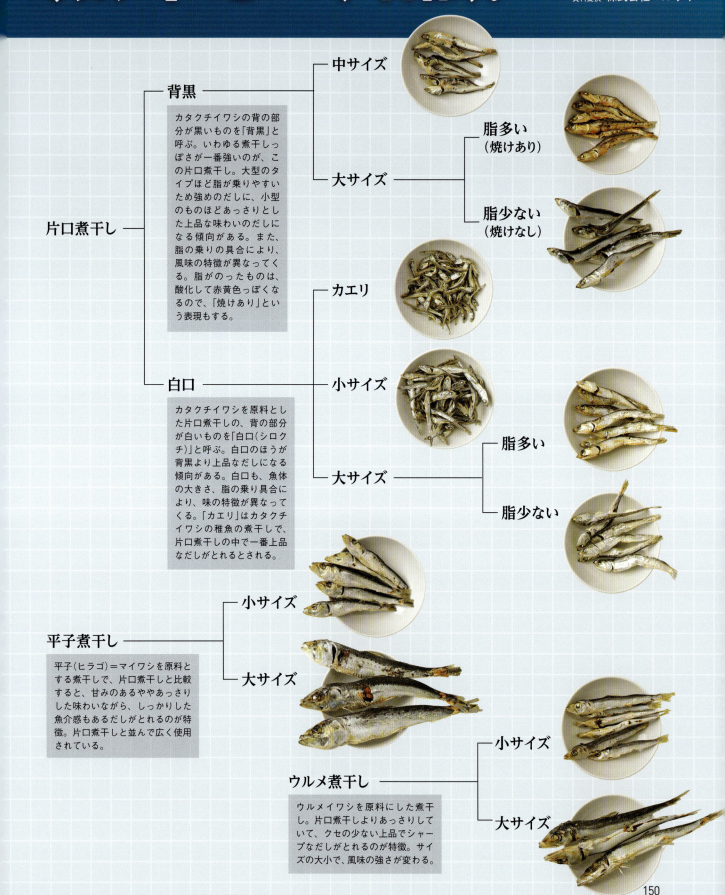

片口煮干し

- 背黒
  - 中サイズ
  - 大サイズ
    - 脂多い（焼けあり）
    - 脂少ない（焼けなし）

カタクチイワシの背の部分が黒いものを「背黒」と呼ぶ。いわゆる煮干しっぽさが一番強いのが、この片口煮干し。大型のタイプほど脂が乗りやすいため強めのだしに、小型のものほどあっさりとした上品な味わいのだしになる傾向がある。また、脂の乗り具合により、風味の特徴が異なってくる。脂がのったものは、酸化して赤黄色っぽくなるので、「焼けあり」という表現もする。

- 白口
  - カエリ
  - 小サイズ
  - 大サイズ
    - 脂多い
    - 脂少ない

カタクチイワシを原料とした片口煮干しの、背の部分が白いものを「白口（シロクチ）」と呼ぶ。白口のほうが背黒より上品なだしになる傾向がある。白口も、魚体の大きさ、脂の乗り具合により、味の特徴が異なってくる。「カエリ」はカタクチイワシの稚魚の煮干しで、片口煮干しの中で一番上品なだしがとれるとされる。

平子煮干し
- 小サイズ
- 大サイズ

平子（ヒラゴ）＝マイワシを原料とする煮干しで、片口煮干しと比較すると、甘みのあるややあっさりした味わいながら、しっかりした魚介感もあるだしがとれるのが特徴。片口煮干しと並んで広く使用されている。

ウルメ煮干し
- 小サイズ
- 大サイズ

ウルメイワシを原料にした煮干し。片口煮干しよりあっさりしていて、クセの少ない上品でシャープなだしがとれるのが特徴。サイズの大小で、風味の強さが変わる。

アジ煮干し

主にマアジを原料とする煮干しで、甘みと程よいだし感のある味わいが出せる。

サバ煮干し

小型のサバを加工した煮干し。淡泊な味わいながらも、しっかりとしたコクのあるだしを出せる。

アゴ煮干し

トビウオを原料とする煮干しで、独特の甘みのあるだしがとれる。素材としての希少感・高級感もあり、和食の他、ラーメン用としても人気がある。

カキ煮干し

カキを煮干し加工したマルサヤが独自に開発した食材。カキならではの風味と、豊かな旨味のあるだしを取れる。ラーメン用のタレに漬け込んでカキ煮干しの風味を移す活用もできる。

焼き片口煮干し

片口煮干しに焼き加工を施すことで、香ばしさと、より強い味わいが特徴。

焼きアゴ ─ 開き / 姿

トビウオを原料として、焼き加工が施されたのが「焼きアゴ」で、直火で焼き加工したタイプと、開きにして焼き加工するタイプがある。

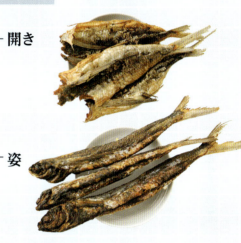

煮干しと合わせて使うことが多い 魚貝の節類・乾物・食材

ウルメ節
ウルメイワシを原料とした節類。ウルメ節はウルメ煮干しに近い味わいながらも、節加工由来の燻したときの香ばしいだしが特徴。

サンマ節
サンマを原料とした節類。サンマの味を残したやや淡泊なだしが取れるのが特徴。

スルメ下足
イカゲソを乾燥させたもので、だしのメインというよりは、深みを与える目的で使用されることがある。

ムキエビ
ムキエビは、海老の殻をむいたものをボイルしてから乾燥させたもので、しっかりとしたエビだしを取るのに向いている素材。

素干しエビ
ナイカイスジエビを乾燥させたもので、しっかりした殻が付いた状態で加工されているため、だし用として、また香味油の原料に向いている。

アミエビ
アミエビ（アキアミエビ）を乾燥させたもの。比較的小型で、殻の部分も柔らかいので、トッピングとして使わることが多い。

サクラエビ
サクラエビを乾燥させたもの。殻は柔らかくサクサクした食感があり、身には上品な甘さがあり、トッピング用としても具材としても、国産品は人気の高い高級な素材で、近年は台湾産も多い。

ホタテ貝柱
ホタテ貝柱を乾燥させた、干し貝柱。ホタテ特有の強い甘みと旨味を持つ。近年、生産量が落ちて、相場も高騰を続けている。

イタヤ貝柱
イタヤ貝の貝柱を乾燥させた貝柱。ホタテ貝柱よりややあっさりしているが、ホタテ貝柱の代用品として広く使われている。

アサリ節
アサリの剥き身を、鰹節同様に煮熟・焙乾加工をしたマルサヤオリジナルの商品。節加工することで、アサリの旨味が凝縮し、特徴的な薫香をまとい、かつ嫌味の少ない特徴的な味わいのだしを取れる。

アサリ濃縮だし
うま味調味料の類は一切使用せずに製造した「原材料：あさり」のみの濃縮エキスで、これもマルサヤオリジナル。天然素材だけで作るので、アサリの味わいをそのままに凝縮させている。

基本＋αで身につける
飲食店の
好感 接客サービス教本

〈付〉シニア客層への接客の要点

月刊近代食堂 編集部編
■ 四六判・216ページ
■ 定価　本体1500円＋税

【本書の内容】

第1章／身だしなみは、好感接客の大前提
第2章／接客サービス基本用語を上手に使う
第3章／開店前の準備で、接客の好感度アップ
第4章／店内ではダメな姿勢・態度
第5章／注文を受けるときに大事なこと、ダメなこと
第6章／後片付けの様子は見られてます、聞かれてます
第7章／親切、気配りを、言葉・行動にしよう
第8章／会計時の応対は、きちんと正確に
第9章／販促を通して接客の好感度を磨こう
第10章／評判店の接客を真似て、その次を考えよう
第11章／好感接客を身につけるためのチェックリスト
第12章／テーブルセッティングの基本
〈付〉シニアのお客様への好感接客サービス

旭屋出版　｜　https://www.asahiya-jp.com

★お求めは、お近くの
書店または左記窓口、
旭屋出版WEBサイトへ。

東京・恵比寿

真鯛らぁめん
まちかど

- 住所：東京都渋谷区恵比寿西1-3-9 田中ビル2F
- 電話：090-4453-0253
- 営業時間：11時30分〜17時（16時30分LO）
- 定休日：日曜日

■ **真鯛らぁめん** 950円

濃厚な魚ソースのパスタをヒントに考案。動物系の素材は一切使っていないが、オーブンでローストした頭の部分や、あえて鍋肌に焦げ付かせた顎の部分を鯛スープに加えることで、真鯛という1つの食材から異なる風味や旨味をいくつも引き出している。麺は、中華麺ではなく口当たりの軽いリングイネを使用。かん水は入っていないが、硬質小麦を使っているためコシがある。真鯛の昆布〆や水にさらしたセロリ、レモンをトッピングしている。

■ 真鯛つけ麺 1100円

スープを煮詰めて使うことで、食べ応えを追求。鯛の風味が強まるので、一層パワフルな印象に変わる。つけ汁には、真鯛ダレと真鯛の香味油のほか、刻んだフレッシュトマトとセロリの葉をホワイトビネガーで和えたものを合わせている。麺は、ラーメンの麺と同じ生地を太く切り出したもの。もちもちしているので、つけめんにしてもよく合う。ただし、水でしめただけだと硬くなりすぎるので、一度水でしめた後、熱い湯に一瞬浸けることでアルデンテに仕立てている。

【東京・恵比寿】真鯛らぁめん まちかど

■ 真鯛ジェノベーゼまぜそば（真鯛スープ付き）1100円

真鯛ダレと真鯛の香味油をバジルペーストと合わせ、麺に和えた汁なしメニュー。スープがない分、麺をよく噛んで食べることから、つけめん同様、一度水でしめた麺を再び湯通しし、外側はやわらかく中は芯のあるアルデンテの状態に仕上げている。トッピングは、ローストしたアーモンド、真鯛の昆布〆、菜花、スナップエンドウ、豆苗、ゆで卵、ホットオリーブオイルで辛みを付けたトマト。ラーメンのスープに麺の茹で汁と少量の真鯛の香味油、セロリの葉を合わせた口直し用のスープを添えて提供する。

■ 真鯛の水餃子 350円

ラーメンだけでなく、サイドメニューの食材も真鯛で統一。真鯛だけだと味が淡泊になりすぎるので、水餃子の餡には鶏挽き肉も加えている。すり身にしてしまうと真鯛の風味が薄れてしまうことから、1cm角に刻んでゴロッとした食感を残した。イタリアン出身の店主らしく、皮はラビオリの要領で包んでいる。茹で時間は2分。バルサミコ酢と醤油、真鯛の香味油を合わせた特製ダレで食べる。

■ 真鯛ダシご飯 100円

スープの完飲率を上げるために、リーズナブルな価格のご飯メニューを考案。炊飯の際に真鯛のスープを濃縮させてつくる真鯛ダレと濃口醤油、シチリア海塩を加え、上に生玉ねぎの輪切りをのせて炊いている。生玉ねぎのせるのは、フレッシュな野菜の風味を重ねるため。「調味料などの加工品を加えると味が人工的になる」という考えから、それを防ぐ目的で入れている。ご飯にスープをかけて食べる人が多く、このメニューを始めてから丼が空になる割合が格段に上がったという。

■ 真鯛バッテラ 350円

ラーメンと一緒に押し寿司を食べる和歌山ラーメンの風習をヒントに考案。アップルビネガーやレモン、シチリア海塩などイタリアン時代に慣れ親しんでいた食材で独自のバッテラを完成させた。このまま食べてもおいしいが、店では自家製のホットオリーブオイルを付けて食べることを勧めている。同店のホットオリーブオイルは、オリーブオイルにニンニクとローリエ、唐辛子、種付きオリーブを入れて煮たもの。スパイシーなので、少し付けるだけでも味にアクセントが加わる。

【東京・恵比寿】真鯛らぁめん まちかど

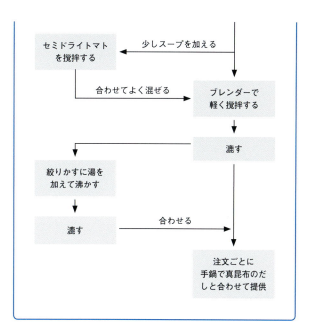

真鯛スープ

魚と野菜、塩などの調味料でつくるフュメ・ド・ポワソンのスープ技法を応用。ただ真鯛を煮るのではなく、ローストした頭や鍋肌で焦がした顎を加えることで味に深みを出し、複雑な旨味の層をつくり出している。

――【 材料 】――

真鯛のアラ、シチリア海塩、人参、生姜、じゃがいも、玉ねぎ、セロリの筋や根っこの部分、パスタ、ローリエ、セミドライトマト、真昆布

1日目

下準備

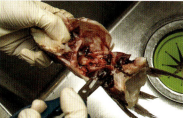

1 真鯛のアラは、エラの横の部分にハサミを入れ、関節を切るようにして頭と顎の部分に分ける。

イタリアンの技法でつくる
オリジナリティあふれる鯛ラーメン

店主の荒木宇文さんは元イタリアンシェフ。店舗で出していた魚のパスタをアレンジさせ、巷の鯛ラーメンとは一線を画す唯一無二の味を完成させた。スープ、タレ、香味油、トッピング、サイドメニューもすべて鯛。真鯛のスープは汎用性があることから、担々麺やジェノベーゼといったさまざまなメニューに応用している。

▶ 『真鯛らぁめん まちかど』の
　スープづくりの流れ

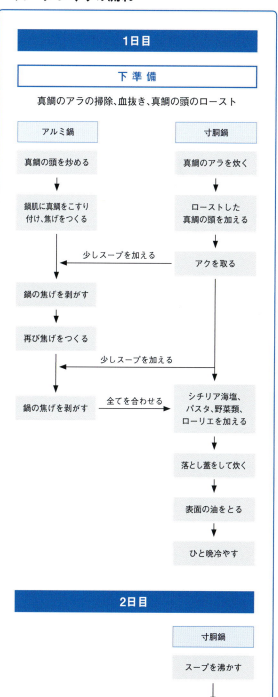

|5| 下処理が終わったら水を張り、20〜30分血抜きをする。

|2| 顎の部分からエラを取り除く。

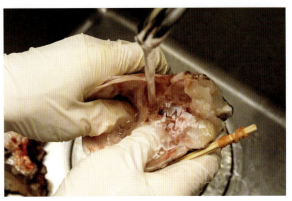

|3| 頭の部分は、流水に当てて付着している内臓をきれいに洗い流す。

|6| 250℃に余熱したオーブンに、1/4量程度の真鯛の頭を入れ、約25分間、表面が茶色く焦げる程度にローストする。

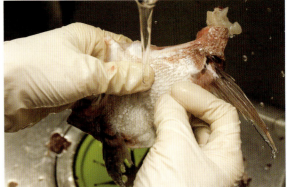

|4| 顎の部分も血合いがあるので、きれいに取り除く。表面も洗い流す。

|7| 人参と生姜は皮付きのまま半分に切り、じゃがいもと玉ねぎは皮をむいて半分に切る。セロリはトッピングに使えない筋や根っこの部分を捨てずにとっておく。

158

【東京・恵比寿】真鯛らぁめん まちかど

4 さらに炒め、鍋肌に鯛の旨味を焦げ付かせていく。骨を崩しながら炒めることで、力強い雑味が出せる。

5 寸胴鍋の4のスープ(P160)を少量加え、鍋底の焦げを剥がしながら混ぜていく。焦げが剥がれてなじんだら強火にして、もう一度旨味を焦げ付かせていく。

アルミ鍋

1 1/4量程度の真鯛の顎とシチリア海塩1/4量を入れ、中火で表面に軽く焦げ目を付ける。脂の多い部位なので炒め油は不要。

2 表面に軽く焦げ目が付いたら、火加減は中火のまま、蓋をして水分を飛ばす。

3 水分が飛んできたら蓋を外して火を強める。鍋肌に鯛をこすり付けながら、茶色い焦げ目を付け、そぼろ状にしていく。

3 沸くとアクが浮いてくるので、きれいに取り切る。

4 アクを取り切ったら中火に落として、残りのシチリア海塩と茹でる前のパスタ、野菜類、ローリエを加える。

6 水分が飛んできたら、再度寸胴鍋の4のスープを少量加えて再び焦げを剥がしていく。

寸胴鍋

1 残りのアラ類と同量の水を別の寸胴鍋に入れ、強火にかける。

2 沸騰する直前にオーブンでローストしておいた真鯛の頭（P158）を入れる。

【東京・恵比寿】真鯛らぁめん まちかど

8 流水に当て、スープを混ぜながら粗熱をとる。人肌くらいになったら氷で冷やし、冷蔵庫でひと晩ねかす。

2日目

1 スープを強火にかけて、沸かしておく。

2 セミドライトマトに温めた①のスープを少し加え、ブレンダーで撹拌する。

5 焦げが剥がれてなじんだアルミ鍋の⑥(P160)を全て移し入れる。

6 全体をよく混ぜ合わせたら、弱～中火に落とし、落とし蓋をして5時間炊く。

7 火を止めて5分ほど経ったら、表面の油をすくい取る。この油は真鯛の香味油のベースとして使用。ここにセロリと生姜、ニンニク、ローリエ、鷹の爪を加えて香味油に仕立てる。

6 スープの搾りかすに沸騰したお湯を加えて、もう一度沸かす。

3 スープを軽くブレンダーで混ぜ、骨を砕いて乳化させる。

4 ミキシングした2をスープに入れる。

7 6のスープをもう一度シノワで漉し、漉した5のスープに合わせていく。

5 よく混ぜ合わせたものを、潰しながらシノワで漉していく。

162

【東京・恵比寿】真鯛らぁめん まちかど

真鯛の昆布〆

動物系スープを使わない真鯛だし100%のラーメンなので、豚や鶏のチャーシューではなく、真鯛の昆布〆をトッピング。イタリアン時代に店で昆布〆のカルパッチョを提供していた経験があることから、そのノウハウを生かしてつくっている。デフォルトで3枚、「ダブル真鯛らぁめん」には6枚の昆布〆がのる。スープになじませて半生の状態で食べても美味。

【 材料 】

真昆布、真鯛、シチリア海塩、グラニュー糖

1　三枚におろした真鯛にシチリア海塩とグラニュー糖をふり、2時間置く。

2　皮目だけバーナーで炙り、水気をふき取る。

3　真昆布で真鯛を挟み、冷蔵庫で半日ねかす。

4　スライスし、皮目だけもう一度バーナーで炙る。

8　作ったスープはその日に使用。注文ごとに手鍋で温めて提供する。その際、ひと晩水出ししておいた真昆布のだしとシチリア海塩を加えている。

真鯛ダレ

スープや香味油だけでなくタレも真鯛からつくり、鯛尽くしの味に徹している。タレは完成した真鯛スープを煮詰めて濃縮させたもの。シチリア海塩と濃口醤油、みりんで味を調え、自家製のうま味調味料に仕立てた。真鯛の味がぼやけてしまうため、ほかのだし素材は使わない。その代わり、手鍋でスープを温める際に真昆布のだしを加え、ラーメンらしい旨味を補強している。

【 材料 】

真鯛スープ、シチリア海塩、濃口醤油、みりん

1　営業用の鯛スープを1/3量になるまで煮詰める。

2　シチリア海塩と濃口醤油、みりんを加え、一度沸騰させる。

163

4 丸めた皮を両端で重ねてラビオリの要領で包み、半月型に形成する。

真鯛の水餃子

すり身では真鯛の印象が薄れることから、角切りにして使用。水餃子としてのインパクトも出したかったので、鶏挽き肉を混ぜている。真鯛ダレや真鯛の香味油で調味し、メニュー全体で味の統一感を持たせた。

――――【 材料 】――――

セロリの葉、生姜、白菜、真鯛、鶏挽き肉(ムネ肉)、真鯛の香味油、真鯛ダレ、シチリア海塩、粒黒胡椒

1 セロリの葉、生姜、茹でた白菜を刻む。真鯛は切り身にして1cm角に切っておく。

2 鶏挽き肉に1と調味料を加え、よく練り合わせる。

3 皮に具をのせ、半分に折る。

164

【東京・恵比寿】真鯛らぁめん まちかど

真鯛のバッテラ

米酢の代わりにアップルビネガーで酢飯をつくり、オリジナリティを演出。「真鯛ダシご飯」の生玉ねぎ同様、レモン汁を加えることで、人工的な味になりすぎないようバランスをとっている。2個セットで提供。

── 【 材料 】──

酢飯（ご飯、アップルビネガー、レモン汁、シチリア海塩、グラニュー糖）、真鯛、シチリア海塩、グラニュー糖、スプラウト、白胡麻

1　ラップを敷いた押し型に酢飯を入れて、ご飯を押す。

2　シチリア海塩とグラニュー糖をふってなじませておいた真鯛をのせ、上から軽く押す。

3　型から出してカットして、表面をバーナーで炙る。スプラウトと白胡麻をのせて提供する。

東京・池袋

麺屋 Hulu-lu
フルル

- 住所：東京都豊島区池袋2-60-7　■電話：03-3983-6455
- 営業時間：月曜日と水曜日〜土曜日は11時30分〜15時、18時〜21時
  日曜日・祝日11時30分〜15時30分
- 定休日：火曜日

■ 醤油SOBA 800円

醤油ダレは、濃口醤油、たまり醤油に魚介だしと、塩（麺にも使う天外天）、砂糖、みりん、日本酒で作る。香味油はサラダ油で作る焦がしねぎ油。柚子皮、鶏挽き肉（黒胡椒と一味唐辛子で味付け）をスープと合わせ、食べ進むにつれて香りも味わいも深まっていくように組み立てた。麺は「塩SOBA」と同じ切歯20番のストレート麺。トッピングにも味付け鶏挽き肉を。他、豚肩ロースチャーシュー、メンマ、貝割れ菜、糸唐辛子。

【東京・池袋】麺屋 Hulu-lu

■ 塩SOBA スパムセット 1000円

スープは、「醤油SOBA」と同じ。塩ダレは作らず、塩(沖縄海塩ヌチマース)と魚介だしを丼で合わせている。塩の分量は5.5g〜6.0g。スープの状態に合わせ、0.1g単位で計って毎日調整している。魚介だしは、羅臼昆布、サバ節、マグロ節、片口煮干しなど、いろいろな乾物を合わせて風味を重ねたもの。香味油は、スープの上澄みから取る鶏油。トッピングは、白ねぎの他は「醤油SOBA」と同じで、麺も「醤油SOBA」と同じ。

鶏スープ

2012年のオープン以来、上品で、さらっとしていて、それでいて奥行きのある風味豊かなスープを目指し、試行錯誤してきた。営業時間中は、メニューの提供に専念したいので、スープは早朝から仕込んで昼の営業時間前に漉して仕上げる。漉したガラは残しておいて「TOMATOラーメン」用の鶏白湯づくりに使う。

【 材料 】

日高昆布、ホタテ貝柱、どんこ、首付き鶏ガラ（吉備鶏）、丸鶏、豚肩ロース（チャーシュー用）、鴨挽き肉、白ワイン、玉ねぎ、人参、白菜、セロリ、生姜、ニンニク、ローズマリー、黒胡椒、焼きアゴ、πウォーター

1 前日からひと晩、昆布、どんこ、干しホタテ貝柱を水出ししておく。

2 翌日、内臓を除いた丸鶏、首付き鶏ガラを加えて中火で点火する。丸鶏は以前は茨城産だったが、今は鶏ガラと合わせて岡山産にしている。

"らしくない"店構えに合わせて "奥行きある味わい"での驚きを!

店名の「Hulu-lu」、そして外観も内装もハワイをテーマに。コーヒー屋か美容室みたいな、軽いノリのユニークなラーメン店というイメージを与えつつ、食べたら「予想に反して味わい深いラーメンを出す」店だったというギャップを店主の古川雄司さんは狙った。鶏ガラ、丸鶏をベースにしながら、鴨挽き肉やハーブを合わせて仕上げるスープ。そのスープに風味をプラスするトッピング。金曜日だけのつけ麺や、月一回のTOMATOラーメン、夏メニューと冬メニューなど、定番の限定メニューをそろえているのも店の魅力になっている。

▶『Hulu-lu』のスープづくりの流れ

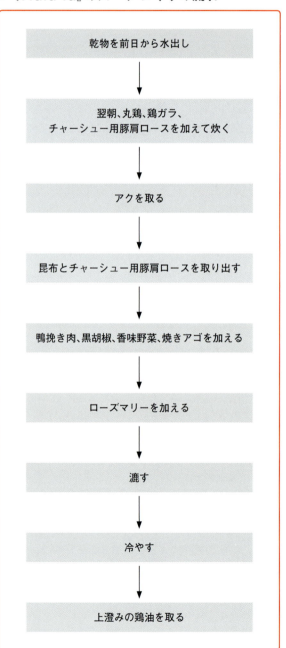

【東京・池袋】麺屋 Hulu-lu

3 チャーシュー用のタコ糸で縛った豚肩ロースも合わせて入れる。

4 40分ほど炊くとアクが出てくるので取り除く。それまで、寸胴鍋はかき混ぜない。混ぜるとスープも上澄みの鶏油も濁るので、中火で静かに炊く。

5 アクを取ったら、チャーシュー用の豚肩ロースと昆布を取り出す。豚肩ロースはチャーシュー用のタレに漬ける。

6 鴨挽き肉と黒胡椒を加える。前は鶏挽き肉だったが、風味の奥行きが深まるので鴨肉に替えた。鴨挽き肉は、ムネ肉とモモ肉を半々に合わせて挽き肉にしたもの。寸胴鍋の中に広がってアクを吸着して澄んだスープに仕上がるよう、鴨挽き肉は白ワインでほぐしてから加える。

7 鴨挽き肉に続いて香味野菜、焼きアゴを加える。香味野菜を入れて混ぜるとスープが濁るので、スープの上に置いて、レードルで静かに押して沈める。

169

⑧ 20分ほど炊いたら、ローズマリーを入れる。ディルを入れていたときもあったが、鶏スープの風味にローズマリーが合うので変えた。

⑨ 香味野菜を入れてから90分ほど炊いて漉す。途中、混ぜたりせず、出てきたアクは除く。

⑪ 鶏ガラ、野菜類をおおよそ取り出したら、目の細かい網で漉す。

⑫ 漉したスープは冷水に当てて冷やす。上澄みの鶏油を取り出す。この鶏油は「塩SOBA」の香味油に使う。

⑩ 漉す。スープを濁らせないよう、まず、丸鶏、鶏ガラを網ですくって静かに取り出す。

【東京・池袋】麺屋 Hulu-lu

麺

かん水は少な目で、「日本蕎麦」をイメージして製麺している。当初は国産小麦だけの時期もあったが、現在は、国産小麦、外麦、国産全粒粉を使う。加水は32％前後。「塩SOBA」と「醤油SOBA」は切歯20番（角刃）、「まぜそば」は14番（角刃）。麺帯では寝かせないで、麺線にしてから1日は冷蔵してから使う。茹でるときはタイマーは使わない。何人前茹でるかで湯の温度の変化が違うので、そのつど箸で混ぜるときの感触と、麺の固さを指で確認しながら茹で上げている。

――――【 材料 】――――

国産小麦粉、外麦粉、国産全粒粉、かん水溶液、全卵、塩（天外天）

1 かん水溶液と全卵、塩を混ぜて小麦粉と合わせてミキシングする。ミキシングは約10分。

2 粗麺帯にする。

3 複合を2回。麺帯では寝かせないで、圧延をかけながらすぐに切出す。

4 塩SOBA、醤油SOBA用の麺は切り歯20番。混ぜそば用は切歯14番。麺線にして1日〜2日冷蔵庫でねかせてから使う。理想は2日ねかした麺。塩SOBA用の麺は1人前140g。まぜそばは1人前180〜200g。塩SOBAの麺は茹で時間およそ60秒だが、茹で時間はタイマーでは計らないで、箸で混ぜる手ごたえや指で触った感触で確認している。

スパムむすび

オープン以来の人気メニュー。半数以上は「スパムセット」で注文する。焼いたスパムのスライスと、ごはん、昆布佃煮、大葉を合わせて作り、海苔で巻く。ラップで包んで仕込み、注文ごとにレンジで温めて提供する。

――【 材料 】――

ごはん、スパム、昆布佃煮、大葉、海苔

1 スパムは1cmほどに薄切りにしてフライパンで焼いて焼き目を付ける。

2 ごはんの上に昆布佃煮、大葉をのせ、焼いたスパムを重ねて海苔で巻く。ラップで包んで、注文ごとにレンジで温めて提供する。

チャーシュー

豚バラ肉をタコ糸で縛って、スープを炊くときに一緒に煮る。40分ほど炊いてチャーシュー用のタレに漬けて炊く。チャーシュー用のタレは、醤油、みりん、日本酒、ハチミツ、ニンニクを合わせたもの。

――【 材料 】――

豚バラ肉、チャーシュー用タレ（醤油、みりん、日本酒、ハチミツ）、ニンニク

1 鶏スープを炊く寸胴鍋で豚バラ肉を一緒に炊く。40分ほど中火で炊いて取り出し、チャーシュー用のタレに浸けてフタをして炊く。

2 タレで炊いたら取り出す。ラップで包んで冷蔵して肉をしめてから使う。

【東京・池袋】麺屋 Hulu-lu

塩SOBAの仕上げ方

1 丼に塩(沖縄海塩ヌチマース)、一味唐辛子、柚子皮を入れる。

2 白ねぎみじん切り、味付け鶏挽き肉、魚介だしを入れる。

3 スープを入れ、茹で上げた麺を合わせる。

4 チャーシュー、味付け鶏挽き肉、メンマ、貝割れ菜、糸唐辛子をトッピングし、鶏油をたらす。

揚げねぎ油

「醤油SOBA」の香味油には、揚げねぎ油を合わせる。サラダ油でじっくり、大きく混ぜながら白ねぎのみじん切りを炊いて、ねぎを焦がし過ぎないよう注意し、色づいたら容器に移す。

―――【 材料 】―――

サラダ油、白ねぎ

1 サラダ油を熱して白ねぎのみじん切りを加えて炊く。常に混ぜながら炊く。

2 こんがり色づいたら、容器に移す。

ラーメン最新技術

人気店の素材選び、味の構成、技と工夫

■定価　本体3500円＋税
■A4判　160ページ

最新人気のラーメン店〔19店〕のスープ、トッピング、麺、タレの素材の選び方、味の構成、調味の工夫をくわしく解説。

■本書に登場する店

- らーめん style JUNK STORY（大阪・高津）
- らーめん　セアブラノ神（京都・壬生相合町）
- とんこつらーめん　ひかり（愛知・春日井）
- 麺道　麒麟児（長野・長野市）
- 拉麺　阿吽（長野・長野市）
- らぁ麺屋　飯田商店（神奈川・湯河原）
- ゆいが総本店（長野・長野市）
- SHIMAMURA（神奈川・横浜）
- 桜台　らぁ麺　美志満（東京・桜台）
- 麺や　豊（埼玉・春日部）
- 麺匠　清兵衛（埼玉・川越）
- くじら食堂（東京・東小金井）
- 煮干中華ソバ　イチカワ（茨城・つくば）
- 麺　ろく月（東京・浅草橋）
- 横浜家系豚骨醤油らーめん　あさひ家（東京・池袋）
- 中華そばしば田（東京・仙川）
- 二代目にゃがにゃが亭（東京・三河島）
- 麺や　維新（東京・目黒）
- 自家製麺 MENSHO TOKYO（東京・後楽園）

■限定麺の開発プロセス
- 饗　くろ㐂（東京・浅草橋）
- らーめん　いつ樹（東京・青梅）

■レギュラーメニューのブラッシュアップ研究
- BASSO ドリルマン（東京・池袋）
- 麺処　ほん田（東京・東十条）

ベジタリアン向けの調理技術
イスラム教徒向けの調理技術

ラーメンプロデューサー　宮島力彩

旭屋出版　https://www.asahiya-jp.com

★お求めは、お近くの書店または左記窓口、旭屋出版WEBサイトへ。

人気ラーメン店が探究する調理技法

■ A4判・並製・192ページ
■ 定価　本体3500円+税

鶏清湯、鶏白湯、豚骨スープ、煮干しスープ、低温調理チャーシュー、釜焼きチャーシュー、製麺…など、18店の人気ラーメンの作り方と考え方を解説。

【掲載店】
●東京 町田「超純水採麺 天国屋」●神奈川 大和「うまいヨゆうちゃんラーメン」●神奈川 横浜「拉麺 大公」●神奈川 横浜「らーめん森や。」●神奈川 横浜「横浜中華そば 維新商店」●神奈川 反町「ラーメン 星印」●東京 南長崎「KaneKitchen Noodles」●東京 大塚「生粋 花のれん」●東京 錦糸町「麺や 佐市 錦糸町店」●東京 早稲田「ラーメン巌哲」●長野 上田「おおぼし 上田本店」●長野 白板「とり麺や 五色」●長野 筑摩「らあめん寸八」●東京 鷺ノ宮「らぁ麺 すぎ本」●愛知 一宮「麦の道 すぐれ」●長野 松本「らーめん 月の兎影」●東京 東日暮里「ラーメン屋 トイ・ボックス」●神奈川 相模原「中村麺三郎商店」

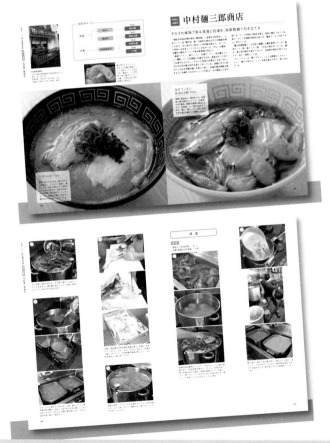

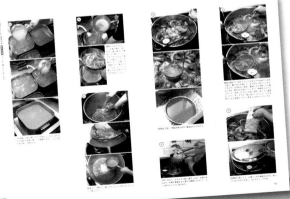

旭屋出版　https://www.asahiya-jp.com

★お求めは、お近くの書店または左記窓口、旭屋出版WEBサイトへ。

最新解説

ラーメンの調理技法

発　行　日　2019年11月27日初版発行
　　　　　　2021年 8 月20日第2版発行

編　　　者　旭屋出版編集部

発　行　者　早嶋　茂

制　作　者　永瀬正人

発　行　所　株式会社旭屋出版
　　　　　　〒160-0005 東京都新宿区愛住町23-2
　　　　　　ベルックス新宿ビルⅡ 6階
　　　　　　郵便振替　00150-1-19572
　　　　　　電話　03-5369-6423（販売）
　　　　　　　　　03-5369-6422（広告）
　　　　　　　　　03-5369-6424（編集）
　　　　　　FAX 03-5369-6431（販売）

旭屋出版ホームページ　https://www.asahiya-jp.com

撮　　　影　後藤弘行　曽我浩一郎（社内）／
　　　　　　徳山善行　野辺竜馬　間宮 博　和田 博

デザイン　株式会社ライラック（吉田進一）

取材・編集　井上久尚／虻川実花　松井さおり

印刷・製本　シナノ印刷株式会社

※定価はカバーにあります。
※許可なく転載・複写ならびにweb上での使用を禁じます。
※落丁本、乱丁本はお取り替えします。

ISBN978-4-7511-1402-5　C2077
©Asahiya Shuppan ,2019 Printed in Japan